Las muchachas de La Habana
no tienen temor de dios

Las muchachas de La Habana
no tienen temor de dios
Escritoras cubanas del siglo XVIII al XXI

Luisa Campuzano

CONSEJO EDITORIAL

Luisa Campuzano   Waldo Pérez Cino
Adriana Churampi   Juan Carlos Quintero Herencia
Stephanie Decante   José Ramón Ruisánchez
Gabriel Giorgi   Julio Ramos
Gustavo Guerrero   Enrico Mario Santí
Francisco Morán   Nanne Timmer

© Luisa Campuzano, 2016
© Almenara, 2016

www.almenarapress.com
info@almenarapress.com

Leiden, The Netherlands

ISBN 978-94-92260-11-6

Imagen de cubierta: Mark Catesby, *circa* 1731
Wellcome Library, London

All rights reserved. Without limiting the rights under copyright reserved above, no part of this book may be reproduced, stored in or introduced into a retrieval system, or transmitted, in any form or by any means (electronic, mechanical, photocopying, recording or otherwise) without the written permission of both the copyright owner and the author of the book.

Advertencia 11
«Las muchachas de La Habana no tienen temor de dios...» 13
1841: dos cubanas en Europa escriben sobre la esclavitud 29
Ruinas y paisajes de la memoria 45
«Cuando salí de La Habana». *Cartas de México*,
de Aurelia Castillo de González 57
Últimos textos de una dama: crónicas y memorias
de Dulce María Loynaz 77
José Martí en la poesía de Fina García Marruz
(donde también se habla de Marilyn Bobes) 93
Cuba 1961: los textos narrativos de las alfabetizadoras.
Conflictos de género, clase y canon .115
Literatura de mujeres y cambio social: narradoras
cubanas de hoy. 137
Blancas y «blancos» en la conquista de Cuba 161
Ser cubanas y no morir en el intento. Estrategias culturales
para sortear la crisis 189
Casi dos siglos... y nada. 207
Bibliografía. 211

A Camila Henríquez Ureña, in memoriam

Las muchachas de La Habana
no tienen temor de Dios...

(Anónimo, *circa* 1762)

Advertencia

En los libros que se construyen a partir de distintos textos, el título suele tomarse de alguno de ellos. *Las muchachas de la Habana no tienen temor de Dios*, el que elegí para éste, corresponde al artículo más antiguo de los que aquí recojo, el cual también es el que trata de quien al parecer fue nuestra primera escritora, mujer, sin duda, valiente y atrevida. Pero en la medida en que iba armando el libro, descubrí que, de un modo u otro, las demás autoras de las que me ocupo comparten, por más piadosas que sean o hayan sido, la osadía de desafiar gobiernos, transgredir prejuicios, subvertir cánones. Por ello este título, de cierta manera, se justifica también como denominador común de este conjunto de artículos ordenado de acuerdo con la secuencia que la historia literaria impone. Mas como fueron escritos en otro orden, al final de cada uno anoto la fecha en que se redactó y su destino editorial.

Aunque me costó mucho esfuerzo desechar otros trabajos sobre escritoras cubanas, decidí añadir al final de este libro tres textos de muy distantes fechas, tono, elaboración y dimensiones, pero de idéntico espíritu polémico sobre temas cercanos, como la exclusión de las mujeres de la historia, la urgencia de articular una conciencia y una política de género, y la presencia —más bien ausencia— de la producción cultural femenina en nuestras revistas.

Porque la lista sería muy larga, no puedo agradecer nominalmente, sino sólo de conjunto, al centenar o más de personas que a lo largo de casi tres lustros han contribuido a este libro, primero, con su estímulo y confianza, al invitarme a abordar y presentar algunos de estos temas; después, con su precioso apoyo bibliográfico y, sobre todo, con sus comentarios y sugerencias, sin los cuales la investigación que está en la base de estos artículos, y su escritura, habrían sido muy difíciles; y, por último, con su interés por publicarlos en revistas y libros.

La Habana, agosto de 2004

«Las muchachas de La Habana no tienen temor de Dios...»

A Manuel Moreno Fraginals, en sus setenta años

En Cuba no ha habido crítica feminista: recién ahora intentamos comenzar. Y como parece que también en este campo la ontogénesis repite la filogénesis, la incipiente crítica feminista cubana, para decirlo con las palabras con que Jean Franco caracterizaba los primeros momentos de la exégesis feminista, también se perfila «como una crítica de desagravio, destinada a la doble tarea de la desmistificación de la ideología patriarcal y a la arqueología literaria» (Franco 1988: 88). Con esto pretendo justificar tanto el tema como los objetivos de mi trabajo. Voy a hablar con el desafuero de los neófitos, de la primera escritora cubana, poco o nada conocida en Cuba, porque el carácter transgresor de sus textos y de su persona le concitó la animadversión de sus contemporáneos y aun de estudiosos posteriores que intentaron disminuirla, ignorarla, escamotearla o que, simplemente, no se preocuparon por ella. Y también quiero ocuparme de ella porque en su obra y en su vida se pone de manifiesto la riqueza de contradicciones y antagonismos de las relaciones de género en su intersección con las de raza y clase en una decisiva etapa de transición de una economía de factoría, de servicios, a una economía de plantación, de producción, en la sociedad colonial del occidente de Cuba, que empieza a escindirse entre españoles (funcionarios) y habaneros (productores); sociedad por lo demás puesta súbitamente en crisis por la ocupación militar de una potencia extranjera.

I.

En 1762 La Habana, con sus cincuenta mil habitantes, era la tercera ciudad de la América española. Sólo la superaban México y Lima, capitales de virreinatos establecidos sobre las ruinas de populosos imperios. Su bien situado puerto, protegido por el más moderno sistema de fortificaciones de la época –las que requerían una guarnición de cerca de siete mil hombres–, era el más importante del Hemisferio. Desde los tiempos de los galeones de la Tierra Firme y la flota de la Nueva España, en él hacían escala obligada las naves que viajaban entre la metrópoli y sus colonias, lo que le procuraba a la ciudad una población masculina suplementaria que en ocasiones pudo ser casi tan elevada como el total de hombres que en ella residían (Fraginals 1990), el cual era aproximadamente de vez y media superior al de las mujeres. En su arsenal y astilleros, los mayores del Nuevo Mundo, se construían barcos de todos los tonelajes y de alta tecnología, y se fundían cañones y otras armas.

Esta ciudad de «cultura militar y marinera» había sido largo tiempo codiciada por corsarios y piratas. Ahora, cuando comenzaba a transformarse en una colonia no sólo de servicios, sino también de producción –azúcar, tabaco, ganado–, constituía un polo de interés para Inglaterra, que en el siglo XVII le había arrancado a España unas cuantas islas y ahora le disputaba a Francia el control del mercado azucarero y del tráfico de esclavos en toda esta zona de las Antillas.

Por distintas razones, que van desde la disminución de la producción en algunas de las colonias inglesas por la depauperación de las tierras, hasta el incremento de los precios a causa de conflictos bélicos que comprometían a Francia y a Inglaterra, a partir de 1740 crece la producción de azúcar en Cuba. De un promedio de dos mil toneladas en 1740 se llega a más de cuatro mil doscientas toneladas en 1761. El número de ingenios también se multiplica: entre 1759 y 1761, es decir, en tres años, el total de ingenios de la zona habanera se eleva de ochenta y nueve a noventa y ocho. Paralelamente ha aumentado el número de esclavos, única fuerza de trabajo empleada en la producción de azúcar. No existen registros para esas fechas; pero disponemos de la afirmación de un historiador contemporáneo de que la Real Compañía de Comercio de La Habana había introducido cuatro mil novecientos ochenta y seis esclavos entre 1740 y 1761, cifra perfectamente moderada, pues significa la entrada de unos doscientos veinte esclavos por año a lo largo de ese período (Fraginals 1978)[1].

Cuando en enero de 1762 España decide participar –bien tardíamente, por cierto– junto a Francia en la que acabará llamándose Guerra de los Siete Años, iniciada en 1756, a Inglaterra se le abre el camino hacia La Habana, para cuya conquista se ha venido preparando y documentando desde hace mucho tiempo.

El 6 de junio se presenta ante el puerto de La Habana la escuadra inglesa con el mayor despliegue de fuerzas que hasta entonces hubiera contemplado el Nuevo Mundo. El ataque y sitio de la ciudad se prolongó durante dos meses y seis días, hasta el 11 de agosto, en que el Capitán general de la Isla, Juan de Prado Portocarrero, rindió la villa.

La ocupación de La Habana duró once meses. Ante la cólera del pueblo inglés, que había recibido con verdadero júbilo la noticia de la toma de La Habana, el Tratado de París, que ponía fin a la guerra, sancionaba el cambio de esta ciudad por «los pantanos desolados, insalubres e improductivos de la Florida»: el azúcar de los territorios recién adquiridos –Guadalupe, Martinica, Santa Lucía, Dominica, Granada, La Habana– había hecho bajar los precios y se

---

[1] Todos los datos sobre la producción azucarera cubana y antillana provienen de esta fuente.

perjudicaban los plantadores ingleses, quienes, *of course*, controlaban el Parlamento.

Los líderes de la «sacarocracia» cubana, que harán su entrada en la historia y en la historiografía en la última década del siglo XVIII con el *boom* azucarero, han otorgado gran importancia a los once meses de ocupación inglesa para el desarrollo económico de la Isla. Y en buena medida tienen razón, porque con la mera apertura del puerto al comercio internacional, con el contacto establecido entre La Habana y las Trece Colonias, con la quiebra real o potencial de instituciones caducas y, sobre todo, con el estímulo dado a la producción azucarera basada en el modelo inglés de plantación mediante la entrada ¡en un solo año! de cuatro mil esclavos, se aceleró un proceso que ya se venía preparando y que llevaría a los productores cubanos, en pocas décadas, a ocupar el primer lugar en el mercado mundial.

II.

Si del lado inglés la dominación de La Habana dejó una excelente colección de grabados en los que por primera vez la ciudad y su puerto aparecían tales como eran[2], del lado «cubano» produjo un número apreciable de textos literarios surgidos al calor de los acontecimientos. Estos son: un memorial y una carta escritos, respectivamente, por las señoras de La Habana y por un jesuita irlandés; y diecinueve composiciones en verso anónimas o de distintos autores, la mayoría de carácter popular, entre las que me interesa destacar un largo poema en décimas, «Dolorosa métrica espresión del Sitio, y entrega de la Havana, dirigida a N.C. Monarca el Sr. Dn. Carlos Terce[ro]», atribuido a una habanera, y un buen número de estrofas de factura

---

[2] Véase Pérez de la Riva 1965.

obviamente masculina, popular y española contra «las Señoritas de la Habana por el trato que tuvieron con los ingleses»[3].

Tanto el «Memorial» de las señoras como la «Dolorosa métrica espresión...» se han atribuido a la marquesa Jústiz de Santa Ana[4]. Siendo la autoría del primero de estos textos de carácter corporativo y no llevando firma el segundo, la atribución se ha basado en dos fuentes secundarias nada explícitas, las que, sin embargo, permiten deducir, por su propia reticencia, que el origen de esos textos –y, en particular, del «Memorial»– podría recaer en esta habanera. Más adelante tendremos ocasión de detenernos en estas fuentes.

Beatriz de Jústiz y Zayas nació en La Habana el 24 de febrero de 1733, hija de una antigua familia de la ciudad en la que se advierte la misma transformación que en la villa: de funcionarios, dedicados a los servicios, han pasado a ser, además, propietarios, ocupados de la producción. Sus padres fueron Beatriz de Zayas Bazán y Manuel José de Jústiz, coronel de los Reales Ejércitos, quien sucesivamente ocupó los cargos de sargento mayor de la plaza de La Habana, castellano del Morro y gobernador de la Florida. En 1751 casó con un primo doce años mayor que ella, Manuel José de Manzano y Jústiz, primer marqués Jústiz de Santa Ana, contador mayor del Real Tribunal de Cuentas de la Isla y alcalde ordinario de La Habana. Su casa, construida en el siglo XVII frente al mar y muy cerca de la Plaza de Armas, fue una de las más imponentes de la ciudad, con una torre mirador de cuatro pisos, y dio nombre a una de las calles que la flanquean (Weiss 1972: 102-104, 231-234). De la hacienda de los Jústiz, Los

---

[3] Todos estos textos se recogen en Plasencia 1965. Los títulos y textos citados respetan la ortografía original, y las páginas indicadas al final de los pasajes que se citarán más adelante corresponden a esta edición. El «Memorial...» y la «Dolorosa métrica espresión...» pueden encontrarse también en Campuzano, Luisa & Vallejo, Catharina (eds.) 2003: 184-194.

[4] Véase Saínz 1983: 140-156, donde con más detenimiento y rigor se estudian las décimas y su atribución a la marquesa Jústiz de Santa Ana.

Molinos, y de los últimos años de la marquesa hablaré más adelante. Veamos ahora los textos.

El «Memorial dirigido a Carlos III por las señoras de La Habana» del 25 de agosto de 1762, apenas unos días después de la capitulación, culpa al Gobernador Prado y a sus oficiales de haber permitido la toma de la ciudad; los tilda de cobardes: «que en acercándose el enemigo, [...] se retiraron, que usando de voz más propia, ellos huyeron, dexando assí en desdoro el aire de las Armas, y dando margen a que los enemigos estimaran como conquista lo que en realidad fue cesión» (Plasencia 1965: 9); censura el poco caso que hicieron a las operaciones propuestas por los vecinos y a su reiterado deseo de participar en la defensa de la villa, y los acusa de no haber contado para decidir la capitulación ni con el Obispo ni con el alcalde y los regidores de la ciudad, «quienes con todo el resto de ella no tuvieron más prenda que sentirlo en consecuencia de la despotiquez con que proceden los Governadores de estos parages de Indias» (11).

Desde el principio las habaneras establecen claramente su concepto de la distribución del poder y de las atribuciones y competencia correspondientes a cada uno de quienes lo detentan. En primer lugar, Dios; a continuación, el Rey; después, el Gobernador. A los dos primeros, lejanos y omnipotentes, se les rinde la mayor obediencia: todo lo que ellas hacen ahora y los vecinos de la villa hicieron antes, es en defensa de la fe y del rey. Al Gobernador, presente, pero transitorio, le echan en cara su carácter provisional, peregrino, extraño. De ahí el uso enfático de la palabra *patria*, «lugar de nacimiento», para referirse a la ciudad en el primer párrafo del texto: «La Habana, nuestra Patria» (Plasencia 1965: 8). El Gobernador querrá irse, él no es más que un funcionario de paso. Pero ellas no; el último párrafo del «Memorial» lo expresa con la mayor elocuencia:

> Esta es [...] la funesta tragedia que lloramos, las Havaneras, fidelísimas Vasallas de V.M. cuyo poder mediante Dios impetramos para que

por paz o por guerra […] logremos el consuelo de ver, en breve tiempo, aquí fijado el estandarte de V.M. Esta sola esperanza nos alienta para no abandonar […] *la patria, y bienes* […]. (Plasencia 1965: 12; énfasis mío)

A subrayar la diferencia entre la desidia del Gobernador y la voluntad de resistir de los habaneros contribuye la pormenorizada y técnica descripción de las acciones, del armamento, del vasto teatro de operaciones militares: no olvidar que el padre de la marquesa había sido castellano del Morro. Los *paisanos*, «la gente del país», siempre se presentan, a lo largo del texto, como intrépidos y listos para combatir; mientras que los españoles aparecen soberbios y desdeñosos de los vecinos de la ciudad, que no tienen, según ellos, la pericia ni el conocimiento requeridos para enfrentar al enemigo. En este sentido es notable el énfasis con que se describe la participación de la capa más humilde del «paysanaje», los negros, que han cargado con el trabajo más duro: «Siete cañones montados en breve tiempo, a fatiga de un crecido número de negros esclavos» (Plasencia 1965: 8-9); énfasis que llega a convertirse en verdadero reto, en herejía, en total transgresión cuando se compara explícitamente la heroicidad de los esclavos con la inacción vergonzosa de los más altos jefes españoles:

> veinte negros que […] sin más armas que machete en mano pusieron en fuga más de treinta ingleses, mataron algunos y se volvieron con siete prisioneros […] y ni con este ejemplo se resolvieron los Generales a practicar acción. (Plasencia 1965: 10)

Mas hay otra comparación, ésta implícita y sin dudas inconsciente, en la cual la transgresión resulta mucho mayor. El penúltimo párrafo del «Memorial» le recuerda a Carlos III que él había ordenado al Gobernador fortificar la Cabaña –lugar por donde los ingleses han logrado romper la defensa de la ciudad–, y le informa que a pesar de haberse destinado a ello una suma importante –lo que ella sabe muy bien porque su marido es contador del Tribunal de Cuentas–, todo lo que el Gobernador hizo fue «convocar un ramo de las milicias de pardos a trabajar sin salario, ni ración; los que siendo tan pobres, que sólo tienen para subsistir el trabaxo del día, se vieron obligados a pedir por un memorial alimentos (Plasencia 1965: 12).

Súbitamente se acortan las distancias entre los pardos y las habaneras, víctimas todos del Gobernador, que tanto a unos como a otras los ha privado de sus bienes; a ellos, de la venta de su fuerza de trabajo, «que sólo tienen para subsistir el trabaxo del día»; a ellas, de mucho más, pero que es también lo que tienen, lo que, como le van a decir inmediatamente al rey, no quieren abandonar. Y para recuperar esos bienes, ambos, los pardos y las mujeres, realizan el mismo gesto, un gesto tremendamente transgresor: *escriben* un memorial.

Tales audacias imponen una estrategia discursiva en la cual se manifiesta un inteligente aprovechamiento del arsenal de cualidades y defectos tradicionalmente atribuidos a las mujeres. Para captar la benevolencia de Carlos III apelan, en primer lugar, a la fragilidad femenina: «Adónde recurrirán nuestros corazones, penetrados del más vivo y tierno dolor sino a los pies de V.M». (Plasencia 1965: 8); y a la sensibilidad y devoción puestas a prueba por los acontecimientos: «el valor que tuviéramos para ver correr la sangre de todos nuestros inmediatos en sacrificio de Dios» (8). Por otra parte, para desarticular cualquier sospecha de engaño, dan fe de la rectitud de su actuación: «Sabe Dios que deseamos dar a V.M. un informe *ageno de artificio* de cuanto ha deducido esta desgracia» (8), y del injusto proceder de los gobernadores de esta parte del mundo

> en donde a cualquiera vasallo que toma el legítimo recurso de quexarse a V.M. o noticiarle algún aviso importante lo atropellan, cerrándole esta puerta con la palabra *sedición* [énfasis de las autoras], a cuya farsa vivimos expuestos (sin más arbitrio que padecer) los que lexos de la sombra de V.M. veneramos rendidos sus más pequeños preceptos. (Plasencia 1965: 11)

Las veinticuatro décimas de la «Dolorosa métrica espresión…» (Plasencia 1965: 45-53, 71-75) también están dedicadas al rey y desarrollan poéticamente las mismas ideas, las mismas quejas que encontramos en el «Memorial». Este ha sido el argumento más sólido, entre otros, para atribuirlas a la marquesa Jústiz. Sus tres primeras estrofas cantan a La Habana, «patria amada», a los que «se sacrificaron» por ella y a ese «Paysanaje» que, como había nacido en esta tierra, estaba dispuesto a morir defendiéndola, y a continuación se refieren los hechos acaecidos en mar y tierra. Pero de mayor interés resulta la que podríamos llamar segunda parte del poema, por su tono elegíaco, el barroquismo conceptista de muchas de sus expresiones, y la erudición bíblica de la autora, que establece un sostenido paralelo entre la «caída» de la católica ciudad en manos de los protestantes, y los disímiles enfrentamientos del pueblo de Israel contra los infieles. Por todo ello se hace evidente que quien escribe estos versos tiene un oficio, una cultura y un sentido de la dignidad, de la justicia, de lo que puede y no puede hacerse, que denotan una personalidad fuerte, no entregada por azar a la poesía de ocasión. Son los versos de una poeta con experiencia, versos que publicados o no, podían conocerse mejor, podían divulgar más ampliamente que el «Memorial», su contenido polémico, crítico, en franca confrontación con las autoridades coloniales.

Así pues, como era de esperar, los que simpatizan con las autoridades coloniales, los que de un modo u otro, entonces o más tarde, representan a los funcionarios que se ocupan del gobierno de Madrid en la Isla, responden al «Memorial» y a las décimas. Estas respuestas varían de acuerdo con el momento en que se producen y con quienes las emiten. Ya en 1762 y 1763 hay dos tipos de respuestas. Una, inmediata, multiplicada en formas y ritmos distintos, con acentos diferentes, con obscenidades y dobles sentidos, machista *ante diem*, como corresponde a las tropas de la guarnición de La Habana. La otra, más distante, irónicamente mesurada, severa y burlona a un tiempo, como del jesuita que la propina.

La respuesta de la marinería y la soldadesca se expresa en dos series, una de coplas y otra de seguidillas, contra «las Señoritas de la Habana», a las que se acusa, cómo iba a ser de otro modo, de tener «trato» con los ingleses y de haber abjurado de su fe.

De la serie de coplas sólo se ha conservado una:

> Las muchachas de La Habana
> no tienen temor de Dios
> y se van con los ingleses
> en los bocoyes de arroz.
> (Plasencia 1965: 132)

La serie de seguidillas es abundantísima y mucho más variada e injuriosa:

> Havaneros, alerta
> porque las Damas
> han tomado por moda
> ser Anglicanas.
> Con tal Tezón
> que por Modistas mudan
> la Religión.

Se alude también, abiertamente, a las de más alta posición social, a «las de más porte»:

> De chistosas se precian
> y de saladas,
> y no temen salir
> embarricadas.
> Las de más porte
> entre Barriles, se hacen
> Carne del Norte.

Otro flagelo se dirigía contra las familias que recibían la visita de ingleses:

> Aunque sea un Judío
> quién las bá a vér,
> dicen que las visita
> un Coronel.
> Y esta grandeza
> carga el Pobre Marido
> en la Caveza.
> Veremos los Bermejos
> que hirán naciendo,
> cuando ya los Yngleses
> vayan saliendo.
> Y en estas danzas
> harán los Españoles
> dos mil mudanzas.

Por último, las seguidillas que remedan la fonética inglesa son realmente obscenas:

> Ya los Gefes les dicen
> que Bereguel
> por el Sanabaviche
> y el Catefel.
> Y ay en el toque
> mucho de pequinín
> y guanti foqui. (Plasencia 1965: 133-135)

No hay por qué asombrarse de que la carta del jesuita, fechada en La Habana el 12 de diciembre de 1763, en una sección dedicada expresamente al comportamiento de las habaneras, diga más o menos lo mismo que las coplas y las seguidillas:

en este corto tiempo no dejamos de llorar el desorden de algunas mujeres que abandonando su religión, su honor, sus hijos y su patria se han embarcado con ellos, y dos que contrajeron matrimonio según el rito protestante. También ha sido represible el haber dado lugar a sus Oficiales para la familiaridad y trato en muchas casas aun de alguna distinción, y no sabemos en qué hubieran parado a haberse diferido por algunos años el cautiverio[5]. (Plasencia 1965: 19)

Esta animadversión contra las habaneras más o menos evidente en las coplas y en la carta del jesuita, puede o no deberse a los textos atribuidos a la marquesa, pero la inquina manifiesta en el pasaje de las memorias de José Antonio Armona correspondientes a 1764 no deja lugar a dudas, se origina en ellos:

Acuérdome de que estando de visita en casa de una de estas damas, que a más de ser *dama rica* era marquesa, *poetisa*, latina, crítica, y siempre engreída de haber escrito directamente al Rey una gran carta, cuando se perdió la Habana, informando a S.M. y descubriéndole muchas cosas. Esta dama Musa, viendo que movían la tal conversación algunas personas que estaban de visita, explicó al instante su sentimiento sin reserva, y más la desazón que le movían con el recuerdo. Y aunque yo no había dicho una palabra, se encaró a mí esclamando con toda su energía y con el piadoso Eneas: «Quis talia fando, temperet a lacrimis?». Este escogido regalo de los mejores énfasis de Virgilio, me lo hizo la marquesa, porque yo había sido en el caso, un asistente celoso del circunspecto Gobernador, y en todo aquel amarguísimo lamentable suceso que se recordaba. Se acabó la conversación, y muy pronto después, la infanda dolorosa visita (Saínz 1983: 145; énfasis de Armona).

---

[5] Carta que en 12 de diciembre de 1763 escribió un padre jesuita de La Habana al prefecto Javier Bonilla, de Sevilla, dándole cuenta circunstanciada de la toma de esta plaza por los ingleses.

El antiguo asistente de Prado no puede ocultar su disgusto, yo diría, su odio, ante esta mujer y trata de ridiculizarla: poetisa, latina, crítica, engreída-de-haber-escrito-directamente-al-Rey-una–gran-carta, dama Musa: es decir, mujer de letras, ¡qué espanto! Sin embargo, hay algo interesante en lo que él dice: la desazón que le produce a la marquesa el recuerdo de lo ocurrido, que más parece ocasionada por las resonancias posteriores a los hechos que por estos mismos. Lo que concuerda con algo observado en su carta por el jesuita:

> El Milord conde de Albemarle dispuso a poco tiempo de su entrada tener en su casa un sarao para el que convidó por medio de sus primeros oficiales a las Sras. de carácter, pero respondieron las más a S.E. no haber enjugado las lágrimas para entretenerse en diversiones, y asistieron pocas. Reiteró S.E. el convite para segunda noche pasando en persona a cumplimentarlas en sus casas, y no pudiendo ya escusarse fueron muchas; pero se les leía en el semblante el interior disgusto, y se desistió de estos convites. (Plasencia 1965: 19)

Cien años más tarde, por los sesenta del siglo XIX, Jacobo de la Pezuela, militar e historiador muy docto en cuestiones cubanas, dice en su *Historia de la isla de Cuba* que

> muchas señoras de La Habana, por influencia de la marquesa Jústiz de Santa Ana, a cuyo esposo, el contador de ese apellido, había premiado el Rey con aquel título, representaron a la reina madre doña Isabel Farnesio, que la pérdida de su ciudad natal era debida a los desdenes de Prado por las ideas y ofrecimientos de los naturales. (Plasencia 1965: 7)

Aquí se le reconoce alguna autoría a Beatriz de Jústiz, pero este reconocimiento está viciado de falsedades, insinuaciones malévolas y menguas de toda índole. En primer lugar, se quiere hacer ver que el marquesado lo recibe su esposo como recompensa. Pero como recompensa ¿de qué? ¿De lo que hizo su mujer siguiendo sus consejos? Y esto es falso desde el principio, porque el título a quien se lo otorgó el rey fue a un tío materno de Manuel José de Manzano del cual este era heredero, y como el tío murió antes de recibir el marquesado, fue considerado el sobrino primer marqués de Jústiz (Weiss 1972: 103). Por otra parte, no se habla para nada del «Memorial» al rey, sino de algún tipo de documento, que ni siquiera se nombra, enviado por muchas señoras de La Habana a la reina madre. De ese documento no da noticias ningún otro historiador, sin embargo, sí conocen y publican el «Memorial» varios historiadores. Y, por último, se presenta a la marquesa Jústiz de Santa Ana como una especie de agitadora, de instigadora seguramente al servicio de las ambiciones de su marido, con lo que, al tiempo que se denigra su personalidad, se disminuye la responsabilidad de las restantes mujeres de La Habana.

En fin, que nos hallamos con las reacciones previsibles ante las inusitadas relaciones de género sexual y de género de discurso que se producen en esta ocasión tan especial.

El «Memorial» y la «Dolorosa métrica espresión...» representan géneros de discurso eminentemente masculinos, tanto por la tradición elocutiva en que se inscriben y el contenido político-militar que vehiculan, como por el receptor al que se destinan: el rey. Sólo el emisor es femenino, y en ello hay obviamente una flagrante transgresión que puede explicar muchas cosas relativas a la conservación y transmisión del nombre de la autora: su exclusión del espacio público que tan osadamente había ocupado, su reducción al ámbito del comadreo, su condena al anonimato, que es lo que hace Armona. O, lo que resulta mucho más interesante, la tranquilizadora reorganización propuesta por Pezuela para todo el proceso comunicativo: el receptor no será el rey, sino la reina madre doña Isabel Farnesio; el «Memorial» no será tal, sino una representación; los objetivos del gesto no son político-militares, sino debidos a las ambiciones personales del marido de la marquesa Jústiz, que la utiliza para que influya en muchas señoras de La Habana; las autoras no son ellas, ni lo es la marquesa, sino él, su marido. Con esto todo vuelve a la paz, al equilibrio: cada cosa a su lugar, aunque para ello haya habido que deformar la historia de la adquisición del marquesado por Manuel José de Manzano y que inventar la existencia de un documento, enviado a la reina madre, el cual nadie ha visto jamás.

III.

¿Qué se hizo después de Beatriz de Jústiz? ¿Qué pasó con esta mujer que a los veintinueve años había armado tal revuelo, que era tan osada, que poseía un indiscutible oficio poético, que era decidida, animosa, movilizadora de las demás mujeres? Su vida se apaga, no volvemos a saber nada de ella durante años y años, pero cuando nos la encontramos nuevamente en su casa de La Habana, está protagonizando otra vez, a su modo, una página inaugural de la literatura cubana.

La marquesa Jústiz de Santa Ana que he tratado de presentarles no la conoce nadie, a lo mejor no existe. La he ido armando, rescatándola de los chismorreos de Armona y las falsas insinuaciones de Pezuela, buscándola en los asientos de los bibliógrafos, en sus textos, en la ira de sus contemporáneos, en sus atrevimientos. He tratado de encontrar el *paysanage* de sus versos, los pardos y los negros del «Memorial» en los grabados de Elías Durnford, los desastres de *su* guerra en los aguafuertes de Dominique Serres. He buscado sus ideas en las ideas de su clase, de su tiempo, un tiempo que volaba hacia el futuro y que parece haberla dejado atrás.

La otra marquesa Jústiz de Santa Ana, la anciana que mece en sus brazos a un negrito que la llama «mama mía», la que en una época en que los esclavos se compraban, no se criaban y en la que, además, no se compraban hembras, trae cada cierto tiempo de su hacienda de Matanzas tres o cuatro criollitas de diez, once años para educarlas y casarlas y seguir ayudándolas cuando ya no vivieran con ella. Esa marquesa Jústiz de Santa Ana es la que conocemos en las primeras páginas de uno de los libros más estremecedores que se han escrito en nuestro mundo americano, la *Autobiografía* (1835) del poeta esclavo Juan Francisco Manzano (1797-1854), nacido en esa casa, criado en el amor y, tal vez, en los versos de la vieja señora que cuando muere en Los Molinos, el 5 de junio de 1803, lo deja en un abandono que también nos alcanza.

Por eso, aunque corra el riesgo de naufragar en un archifemenino océano de sentimentalismo, me gusta pensar que es Manzano, el primer negro escritor cubano, quien nos devuelve a la marquesa Jústiz de Santa Ana, la primera mujer escritora cubana.

La Habana, 1990[6]

---

[6] Ponencia presentada en el congreso sobre género y raza celebrado en el Memorial da América Latina, São Paulo, Brasil, en el invierno austral de 1990. Publicado en 1992: *Revista Canadiense de Estudios Hispánicos* XVI (2): 307-318; y *Casa de las Américas* 187, abril-junio: 128-135. También en Buarque de Hollanda, Heloisa (1992): *¿Y nosotras latinoamericanas? Estudos sobre gênero e raça.* São Paulo: Memorial da América Latina, 28-33; y Osorio, Betty & Jaramillo, María Mercedes (1997): *Las desobedientes. Mujeres de Nuestra América.* Bogotá: Panamericana, 65-82. Como folleto apareció en 1992 en la colección *Papéis Avulsos* 37, CIEC, Escola de Comunicação de la UFRJ, Río de Janeiro.

1841: DOS CUBANAS EN EUROPA ESCRIBEN SOBRE LA ESCLAVITUD

En 1841, año en que se publica precipitadamente en París «Les esclaves dans les colonies espagnoles», primera entrega de un libro que la condesa de Merlin publicará tres años más tarde, y se edita en Madrid *Sab*, novela que Gertrudis Gómez de Avellaneda terminaba en el 39, el mantenimiento de la esclavitud en Cuba no sólo corrió los mayores peligros y dio lugar a grandes debates y definiciones, sino que estuvo a punto de provocar un enfrentamiento militar entre Inglaterra y España que, de producirse, hubiera implicado a los Estados Unidos.

Los textos que publican entonces estas autoras, situados en polos extremos de la confrontación sobre el destino de la esclavitud en la Isla, y vinculados a distintos programas políticos, evidencian la compleja interconexión de género, raza y clase, al tiempo que constituyen excepcionales ejemplos de la engañosa dinámica de la exclusión/inclusión femenina en relación con el espacio público y de las paradojas, contradicciones y ambivalencias de la condición colonial.

En las últimas décadas, *Sab* ha merecido importantes ediciones y estudios, que hacen de esta novela la parte más asediada de la obra de Avellaneda[1]. Sólo más tarde comienza a estudiarse la producción de Merlin, particularmente sus textos memorialísticos y los libros

---

[1] Para ediciones y bibliografía pasiva más recientes, véase Gómez de Avellaneda 2001: 30-33.

que escribe tras su viaje a La Habana². Pero a lo largo de más de un siglo, desde que aparecieran a la cabeza de una genealogía de escritoras cubanas (véase Castillo de González 1895: 67), se han buscado reflejos, complementaciones, paralelismos entre María de las Mercedes Santa Cruz y Montalvo, Condesa de Merlin (La Habana, 1789-París, 1852), y Gertrudis Gómez de Avellaneda (Puerto Príncipe, 1814-Madrid, 1873), a partir de algunos rasgos de su obra, y sobre todo, de sus vidas³.

En los últimos tiempos se ha intentado hallar mayores identificaciones entre ellas, que sin embargo desestiman la historicidad del hecho literario y minimizan definiciones como su textualización de la esclavitud⁴, infalible piedra de toque para cualquier autor del XIX cubano, que en el caso de estas mujeres, cuyas vidas se desarrollan lejos de Cuba, en distintos momentos, clases, países, lenguas, comunidades, a través de relaciones sociales diferentes, resulta del mayor interés, porque permite un acercamiento privilegiado a la literatura como práctica social, como espacio de contradicción y de lucha por el poder interpretativo en un contexto cultural dado, al tiempo que evidencia, en contra de lo que han podido pensar otros críticos, el alcance internacional del debate político y de la producción cultural en torno a la esclavitud en Cuba, y la pertinencia de estudiar los textos de estas autoras «desterritorializadas»⁵.

---

² Para ediciones y bibliografía pasiva, véase Méndez Rodenas 1998: 292-299.

³ Sobre este tema, véase la excelente reseña de Nara Araújo (2001: 132-136) sobre *Gender and Nationalism in Colonial Cuba* (1998) de Méndez Rodenas.

⁴ Véase Martin 1996: 45-50.

⁵ En otras ocasiones he abordado las relaciones entre los textos de estas autoras sobre los Estados Unidos (Campuzano 1997: 145-151; 2000; y especialmente, 2001). Sobre las deudas de Avellaneda con Merlin en lo que respecta a su representación de «la habanera», véase, en este volumen, «Ruinas y paisajes de la memoria».

La emancipación de los esclavos en los dominios británicos y el triunfo de los liberales en España facilitaron, en 1835, la firma de un tratado de supresión del tráfico, más severo que el de 1817, ignorado totalmente en Cuba por hacendados y negreros. Un conocido líder antiesclavista, Richard R. Madden, fue nombrado en 1836 representante británico en la Comisión Mixta destinada a supervisar su cumplimiento en La Habana, pero sus actividades fueron mucho más allá de sus funciones oficiales. Relacionado a través de Domingo del Monte con intelectuales criollos, Madden estimuló el desarrollo de una literatura comprometida con la denuncia de los crímenes de la esclavitud, que parcialmente traduciría y daría a la imprenta en el 40. Me detengo brevemente a señalar que entre esos escritores parece que hubo, por lo menos, una mujer: Rosita Aldama, la esposa de Del Monte, traductora de Merlin (Del Monte 1923-1957, vol. IV: 39)[6].

En diciembre de 1840, Londres propuso a Madrid un nuevo tratado, en virtud del cual todos los esclavos traídos a Cuba después de 1820 —es decir, desde la fecha en que habían entrado en vigor las estipulaciones de 1817– debían ser emancipados, lo que significaba la quiebra de la industria azucarera cubana, que vería drásticamente disminuida su fuerza de trabajo precisamente cuando se consolidaba su gran expansión. El gobierno liberal del regente Espartero, tan comprometido por el apoyo que Inglaterra le había ofrecido en la guerra carlista, acogió del mejor grado esta propuesta. Pero la llegada de la noticia a La Habana creó tal encono entre los hacendados, que cuando a comienzos del 41 el recién instalado Capitán General Gerónimo Valdés recibió instrucciones para actuar en consecuencia, se negó a cumplirlas y amenazó con renunciar, lo que obligó a Madrid a reconsiderar el asunto y pedir al gobierno de Cuba que expresara sus criterios al respecto. Entonces Valdés solicitó su opinión a las

---

[6] Carta de Anselmo Suárez y Romero a Domingo Del Monte de 15 de marzo de 1839.

principales corporaciones y personalidades, las que prepararon sus respectivos informes, coincidentes en rechazar la propuesta inglesa. Mas el gobierno de Londres parecía que no iba a cejar en su empeño, y al tiempo que mantenía sus presiones sobre Madrid, envió una escuadra al Caribe bajo el mando del vicealmirante Parker, lo que, sin dudas, eran palabras mayores[7].

A comienzos de 1840, poco después de la muerte de su esposo, la condesa de Merlin decidió regresar a su ciudad natal tras casi cuatro décadas de ausencia. Los móviles de su viaje obedecían a muy entremezcladas razones: económicas[8], literarias, familiares, emotivas. Aquí residían su hermano, heredero de título y bienes de los condes de Jaruco, y sus parientes, miembros de antiguas familias habaneras, vinculadas al poder y al azúcar. Para ellos, y para la intelectualidad criolla, el viaje de la condesa tenía gran valor: significaba la llegada a la Isla de una autora que proclamaba su criollez y cuyos escritos memorialísticos, legitimantes de una tradición y de un modo de vida cubanos que venían del XVIII, eran bien conocidos y apreciados tanto acá como allá[9]. Y, sobre todo, Merceditas Jaruco quería escribir un libro sobre este viaje, lo que resultaba muy interesante porque sus éxitos sociales en París podían hacer de ella una magnífica abogada de los intereses de sus «compatriotas».

Por eso, durante su breve estancia en La Habana la condesa no sólo se ocupó de asuntos pecuniarios, de relaciones familiares y de exhibir sus reputadas dotes de soprano o de dama caritativa –se dice

---

[7] Véase Fraginals 1978, vol. I, Corwin 1979, Barcia 1987 y Armario Sánchez 1990.

[8] Véase las notas biográficas por Emilia Boxhorn en Santa Cruz y Montalvo 1928: xi.

[9] Sus *Mes douze premières années* y *Souvenirs et mémoires de Madame la Comtesse Merlin*, traducidos y publicados total o parcialmente, fueron comentados por la prensa habanera, y en París habían sido reseñados por Sainte Beuve, George Sand y Sophie Gay.

que había inaugurado en Francia los recitales con fines de beneficencia–, sino que comenzó a modificar el proyecto inicial de su libro. A ello colaboraron, en distintos momentos, los reformistas cubanos, y miembros o amistades de su familia, quienes le propondrían escribir algo mucho más sólido que unas impresiones de viaje, con el fin de dar a conocer en Europa sus ideas en relación con el futuro de la Isla. Para la redacción de este libro se le brindarían los textos e informaciones que seguramente necesitaba[10]. Mercedes Merlin parte de regreso a Francia a fines de julio. Pocos meses después, Londres le pide a Madrid que todos los esclavos introducidos en Cuba a partir de 1820 sean emancipados.

La historiografía cubana apenas se ha ocupado del «lobby» cubano de Madrid. Integrado por miembros de la oligarquía criolla establecidos en la Corte, o por sus representantes, este útil instrumento de servicio a sus intereses había llegado a ocupar importantes espacios por las vías más disímiles –que incluían matrimonios concertados– y empleaba sus abundantes recursos y contactos para controlar la política española en relación con Cuba. Así, ante el peligro de perder la mano de obra acumulada en veinte años de contrabando negrero, no escatima medidas ni presiones, y a más de los esfuerzos que realiza *in situ*, encuentra una singular alianza en su «French connection», esa incipiente colonia cubana de París, uno de cuyos más notables representantes había sido Gonzalo O'Farrill (La Habana, 1754-París, 1831), ministro de la guerra de Carlos IV, Fernando VII, y también de José Bonaparte, a quien cuidaría en su largo destierro francés su sobrina nieta Mercedes Merlin.

Ello explica por qué, con mucha antelación a la publicación de *La Havane* y de *Viaje a Cuba* –las dos versiones que acabará por tener el libro pensado en el 40–, aparece en la primera mitad del

---

[10] Particularmente en la carta de Suárez y Romero del 1839 hay abundante evidencia de esta colaboración, contemporánea y posterior a su viaje.

41 un extenso artículo de la condesa: «Les esclaves dans les colonies espagnoles», en la *Revue des Deux Mondes*[11]. Los editores justifican la inclusión del artículo con una muy breve nota en la que subrayan la pertinencia de publicarlo dado el debate contemporáneo sobre la esclavitud, y amparan la acogida que se da en sus páginas a una mujer con la existencia de una documentación –que ellos habrán visto, pero los lectores no– que avala la redacción de su texto (Santa Cruz y Montalvo 1841a: 734).

La condesa entra rápidamente en materia y expone en pocas palabras la argumentación central de su trabajo:

> Rien de plus juste que l'abolition de la traite des noirs; rien de plus injuste que l'émancipation des esclaves. Si la traite est un abus révoltant de la force, un attentat contre le droit naturel, l'émancipation serait une violation de la propriété, des droits acquis et consacrés par les lois, une vrai spoliation. (1841a: 735)

Esta lapidaria fórmula expresa sin ningún pudor la flagrante contradicción entre un ideario moral iluminista y una práctica económica capitalista, callejón sin salida en que se encontraron atrapados los ideólogos de la sacarocracia cubana sustentada por la esclavitud. Y, por otra parte, al tiempo que delimita tajantemente el espacio en que se va a mover la autora, anuncia el tono frío, presuntamente objetivo y desafiante con que tratará un tema al que en 1831, en *Mes douze premières années*, se había acercado con una mirada totalmente distinta, sentimental, nostálgica y (auto)compasiva. Entonces, al recordar selectivamente su infancia, transcurrida todavía en tiempos de esclavitud patriarcal, un yo autobiográfico apiadado de la condición de los negros la denunciaba como un

---

[11] Presumo que una suerte de resumen de éste es lo que se publica en junio del mismo año en *Le Cabinet de Lecture*, con un título que precisa mucho más su contenido: «De l'esclavage dans l'île de Cuba».

crimen, y en los episodios protagonizados por esclavos que incluía en su relato –como ha señalado Sylvia Molloy–, no sólo encontraba un modo de proyectar el abandono en que sus padres, instalados en la corte madrileña, la habían dejado por tantos años en Cuba, sino, sobre todo, la forma de construir un espacio donde la pequeña Mercedes podía restaurar, con la facilidad con que solucionaba los conflictos de sus servidores, la armonía que su propia vida había perdido (Molloy 1996: 123-128).

Si en 1831 el breve prefacio de *Mes douze premières années* mostraba la timidez e inseguridad –convencionales o no– de una autora que escribía sólo para los allegados, que no se atrevía a enfrentar al público lector, las palabras que introducen su artículo del 41 son todo un reto: duda de la capacidad de filósofos y publicistas, cegados por la palabra libertad, para abordar el tema de la esclavitud en las colonias europeas de las Antillas (Santa Cruz y Montalvo 1841a: 734), y sabe que la juzgarán una «créole endurcie, élevée dans des idées pernicieuses, et dont les intérêts se rattachent au principe de l'esclavage» (735). Por eso su artículo se construye como un largo catálogo de «razones» –históricas, económicas, políticas, naturales, ¡humanitarias!, ¡afectivas!–, destinadas a demostrar, por una parte, la necesidad de que la esclavitud siga existiendo en Cuba, y las bondades con que se practica en la Isla, y, por otra, la hipocresía de los abolicionistas ingleses, que al promover la emancipación de los esclavos entrados ilegalmente sólo quieren la ruina de los hacendados cubanos.

Una primera lectura de estas páginas en su contexto francés –contexto sugerido por las líneas iniciales del artículo– revela alianzas, intercambios y escarceos que van mucho más allá del *lobby* madrileño y las tertulias habaneras. Ellas colocan a su autora en relación con antillanos como Rosemond de Beauvallon y Granier de Cassagnac, que por entonces viajan a Cuba y en sus libros coinciden en la apología de la esclavitud, reseñan visitas a parientes de la condesa, y se refieren a ella como una autoridad[12]. Además, el encabezamiento de estas páginas la vincula directamente con el máximo defensor de los intereses de los productores de azúcar de Guadalupe y Martinica y del mantenimiento de la esclavitud, el barón Charles Dupin, a quien dedicara este artículo cuando, devenido la carta XX, pase a formar parte de *La Havane*. Pero, sobre todo, no puede olvidarse el juicio de Víctor Schoelcher[13], paladín del abolicionismo francés y buen conocedor de Cuba, sobre la condesa: «une femme qui s'est mise au nombre des apôtres de l'esclavage»; y, en particular, el hecho de que su mayor censura resida precisamente en descubrir, en el ángulo de coincidencia de género, raza y clase, la incapacidad de Merlin de apreciar, precisamente como mujer, todas las implicaciones del aberrante índice de masculinidad que comporta la trata: «Mais une chose que cette femme n'a pas dite, et que donne un caractère plus atroce encore à ce qui se passe à Cuba, c'est que parmi les nègres il n'y a guère que des hommes!» (Schoelcher 1843: 348). Finalmente, parece ser que esta colocación de la condesa entre los impugnadores de la emancipación promovió críticas que van más allá del debate sobre la esclavitud y proyectaron una imagen de ella, totalmente ajena a la verdad, que tal vez pudo acompañarla en sus últimos años, como se lee en este texto, firmado por «Une vieille Saint-Simonienne», que Figarola Caneda recoge: «une âpre et médisante vieille dame, la comtesse Merlin, cette bizarre romancière qui, ayant réalisé une grosse fortune dans le comerce des nègres, faisait dans tous ses ouvrages la plus éhontée apologie de l'esclavage» (1928: 47-48).

El artículo de Merlin se traduce y se publica en la prensa periódica andaluza con el título de «Los esclavos en las colonias españolas», y simultáneamente en forma de folleto[14]. La nota de presentación de

---

[12] Véase Rosemond de Beauvallon 1844 y Granier Cassagnac 1842 y 1844.
[13] Sobre el que ha llamado la atención Alain Yacou –véase Yacou 1990.
[14] Véase Santa Cruz y Montalvo 1841b: 241, 255, 273, 293 .

los editores es un beligerante llamado a la acción para «los naturales de [...] Cuba y de Puerto Rico» y «las personas que han residido en ellas», ya que se trata de un asunto «de vida o muerte para aquellas provincias, y no menos para la misma metrópoli, que no sólo ve en ellas los restos de sus vastas posesiones trasatlánticas, sino que tantos recursos saca de ambas» (Santa Cruz y Montalvo 1841b: ii-iii).

El folleto, sin embargo, demoró en llegar a Cuba. No fue hasta mediados de 1842, ya remontado lo más agudo de la crisis, que se recibió en «infinitos ejemplares» (Del Monte 1923-1957, vol. VII: 174)[15]. Su lectura concitó de inmediato el rechazo con que en lo adelante sería tratada la condesa, en otro tiempo tan bien acogida por todos, pues en buena medida promovió un malestar y una desconfianza, explícitos o disimulados, en cuya dinámica no podemos detenernos, pero que pesarían en los juicios con que se van a recibir, primero, otras entregas de su libro en preparación, y finalmente *Viaje a La Habana*.

Sab, la primera novela de Avellaneda, es, en todo sentido, el reverso del artículo de Merlin. Situada en el Camagüey, región centroriental de Cuba, hacia fines de la segunda década del siglo XIX, esta novela sentimental, de filiación iluminista y romántica, revela y condena la condición subalterna de negros, mujeres y pobres en una sociedad colonial y esclavista a punto de producir su tránsito de una precaria economía regional, de esclavitud patriarcal, a una economía capitalista en ascenso. La trama, que tiene como trasfondo económico la ruina del padre de la protagonista, se articula a través de tres historias de amor: el amor prohibido del esclavo Sab por Carlota, la hija de su amo; el desgraciado amor de Carlota por Enrique, su prometido, que sólo está interesado en su dote; y el amor imposible de Teresa, la prima pobre e ilegítima de Carlota, por Enrique. Sus tesis fundamentales, implícitas a lo largo de la

---

[15] Carta de Félix Tanco Bosmeniel a Domingo Del Monte de 29 de octubre de 1842.

novela, se exponen abiertamente, desde la perspectiva de Sab, en sus páginas finales, a manera, así lo indica el subtítulo, de «Conclusión», de texto post-liminar ficticio actorial (Genette 1987: 168). Las tesis relacionadas con la esclavitud, de gran relevancia en relación con el contexto colonial cubano, que no toleró la publicación de ninguna obra antiesclavista casi hasta finales del siglo, son las mismas que exhibía contemporáneamente cualquier otra literatura abolicionista: todos los hombres son iguales, tengan el color que tengan; unos hombres no tienen el derecho de esclavizar a otros; la esclavitud es contraria a las leyes divinas. Pero las ideas relativas a la condición femenina constituyen uno de los momentos más subversivos de toda la literatura del siglo XIX, por cuanto no sólo homologan la sujeción de que son víctimas las mujeres con la esclavitud, sino que la consideran aún peor.

Pero esta novela pudo no ser el texto transgresor, feminista y antiesclavista que conocemos, si Avellaneda hubiera cedido a las presiones que obviamente ejercieron sobre ella los acontecimientos de fines del año 40 y del 41. Si partimos del brevísimo prólogo de *Sab*, y en vez de leerlo como ese espacio convencional de pudor femenino exhibido por los prefacios de autoras de la época –que es lo que ha hecho casi toda la crítica–, lo leemos atendiendo a su contexto histórico y a lo que en él dice esa tercera persona autorial que quiere asumir la mayor distancia, que juega todo el tiempo a complacer, pero sin transigir, descubrimos que nos encontramos frente a una página en que se está negociando un contrato de lectura sin el cual una cubana no hubiera podido correr el riesgo de publicar este libro en el Madrid paradójicamente liberal de 1841. He aquí el texto:

> *Dos palabras al lector*
> Por distraerse de momentos de ocio y melancolía han sido escritas estas páginas: La autora no tenía entonces la intención de someterlas al terrible tribunal del público.

Tres años ha dormido esta novelita en el fondo de su papelera: leída después por algunas personas inteligentes que la han juzgado con benevolencia y habiéndose interesado muchos amigos de la autora en poseer un ejemplar de ella, se determina a imprimirla, creyéndose dispensada de hacer una manifestación del pensamiento, plan y desempeño de la obra, al declarar que la publica sin ningún género de pretensiones.

Acaso si esta novelita se escribiese en el día, la autora, cuyas ideas han sido modificadas, haría en ella algunas variaciones: pero sea por pereza, sea por la repugnancia que sentimos en alterar lo que hemos escrito con verdadera convicción (aun cuando esta llegue a vacilar), la autora no ha hecho ninguna mudanza en sus borradores primitivos, y espera que si las personas sensatas encuentran algunos errores esparcidos en estas páginas, no olvidarán que han sido dictadas por los sentimientos algunas veces exagerados pero siempre generosos de la primera juventud. (Gómez de Avellaneda 2001: 36)

Lo primero que advertimos es cómo en tres breves párrafos se desvanecen, no por modestia retórica, sino como estrategia de supervivencia, las funciones principales del prefacio autorial. Avellaneda renuncia, en efecto, a estimular la lectura de una novela escrita «por distraerse». Renuncia a explicar sus ideas, objetivos y trama, porque «la publica sin ningún género de pretensiones». Está, por el contrario, consciente de los reparos de «las personas sensatas» que pueden encontrar «errores»; concede que «si esta novelita se escribiese en el día, [...] haría en ella algunas variaciones». Pero dice rotundamente que no varió el contenido de *Sab*, a pesar de que sus ideas habían sido «modificadas»; que no alteró lo que había escrito «con una verdadera convicción», aun cuando ésta llegara a «vacilar». Y no lo hizo porque no quiso traicionar «los sentimientos algunas veces exagerados pero siempre generosos de la primera juventud», que fueron, dice, los que dictaron sus páginas.

Esta decisión, que salva la novela pero marca y compromete a su autora, debió requerir mucho valor, porque Avellaneda vivía en

Madrid, precisamente el lugar donde se producen cientos de publicaciones y manifestaciones en defensa de los intereses de los hacendados cubanos y de los negreros españoles. Y, además, porque mantenía estrechos vínculos con su familia materna, que residía en el Camagüey, y seguramente estos parientes, su madre, su padrastro, sus hermanos, estaban entre «las personas sensatas» cuya opinión acerca de *Sab* la podía inquietar.

He reconstruido, en otra ocasión, a través de la lectura de la folletería antiabolicionista y, sobre todo, de las cartas de El Lugareño a Del Monte, un paisaje más amplio y matizado del contexto madrileño y camagüeyano en que Avellaneda se atrevió a no cambiar su novela[16]. Ahora sólo recordaré el alto grado de coerción que implicaban los principales argumentos empleados contra los impugnadores de la trata y la esclavitud: «la idea —como dice El Lugareño— de que los negros son el freno que sujeta la isla de Cuba [...], que suprimir la trata y proteger la inmigración blanca es dar el primer y segundo repique de la Independencia» (Del Monte 1923-1957, t. V: 32), y el riesgo de una guerra con Inglaterra. Por ello creo que Avellaneda sí pudo haber cambiado algo en *Sab*, algo que no significaba ninguna concesión, que no variaba para nada la trama, ni entraba en conflicto con la caracterización de los personajes, pero que le ofrecía una coartada increíblemente actualizada y eficaz frente a cualquier interpretación recelosa. Cambió —aventuro— la nacionalidad del Enrique, el novio de Carlota, y del padre de éste, los villanos de la novela, a los que en su primera versión habría asignado cualquier otro origen, pero que ahora podía convertir en dos pérfidos ingleses, con lo que se curaba en salud.

---

[16] Véase Campuzano 2003, donde se analiza la correspondencia de Gaspar Betancourt Cisneros, El Lugareño, con Del Monte entre marzo y diciembre del 41, recogida en Del Monte 1923-1957, vol. V.

A comienzos de 1844 la condesa de Merlin publica *La Havane*[17], en tres volúmenes, con dos dedicatorias: al recién nombrado Capitán General O'Donnell –promotor meses después de la mayor represión racial del XIX cubano–, y a sus compatriotas. Su contenido, distribuido en treinta y seis cartas, doce sobre la travesía y su paso por los Estados Unidos y veinticuatro sobre historia, geografía, política, economía y costumbres de Cuba, incluía, repito, como carta XX, su artículo del 41. «Éclaircissements» y «Pièces justificatives», reunidos al final del tercer tomo, daban empaque científico a lo que se había promovido como «las obras políticas» de la Condesa (Del Monte 1923-1957, vol. VII: 177)[18]. La mayor parte de estos anexos, posteriores a la fecha de publicación del artículo y añadidos en función de la carta XX, son una actualización del contenido de aquel y, al mismo tiempo, una alabanza del gobierno de la Isla, pues celebran la persecución del tráfico por el Capitán General Valdés y fustigan a los armadores españoles por la campaña de descrédito que desataron contra él en Madrid –lo que podría justificar la apresurada dedicatoria a O'Donnell tras la caída de Espartero y de Valdés. Pero sobre todo muestran que las ideas de Merlin sobre la esclavitud no habían cambiado: «*À la supression de la traite*, oui; *à l'émancipation*, non» (Santa Cruz y Montalvo 1844, vol. III: 474).

Mas al mismo tiempo se publica *Viaje a La Habana*, versión española muy reducida, que incluye las diez cartas aparecidas en *La Presse* en el otoño del 43; seguramente la misma selección *amusante* preparada para una frustrada edición inglesa (Figarola Caneda 1928: 136)[19], pues en *Viaje a La Habana* no hay ningún texto «serio», de tema político o científico, ni anexos, ni las dedicatorias que lleva *La*

---

[17] Hay, del mismo año y en francés, dos ediciones aparecidas en Bruselas –una en tres y otra en cinco tomos– y una en La Haya, en tres tomos.
[18] Carta de Félix Tanco a Domingo Del Monte de 22 de abril de 1843.
[19] Carta de Merlin a Philarète Chasles de 14 de noviembre de 1842.

Havane, ni destinatarios para cartas devenidas en capítulos de un libro que simplemente recoge las «impresiones» de viaje de su autora[20]. Pero esta versión, de apenas ciento seis páginas en su primera edición –por eso Félix Tanco la llama «folleto»[21]–, estaba precedida de un texto que constituye el nexo más fuerte de relación objetiva entre las autoras que tratamos: los «Apuntes biográficos de la Condesa de Merlin», escritos por Gertrudis Gómez de Avellaneda.

Aparecidos originalmente como presentación de pasajes del libro de Merlin publicados por la *Revista de Madrid*[22], estos «Apuntes» evidencian el marcado interés de la joven escritora por un solo sector de la producción de la Condesa y apuntan hacia su más patente desconocimiento del resto, incluyendo el libro al que poco después servirán de introducción. Frente a la experiencia compartida del exilio, de la ardua búsqueda en tierra ajena de un espacio de realización personal, y del rescate de la memoria de la patria por la escritura, Avellaneda proyecta, fascinada, su lectura cómplice de *Mes douze premières années* en más de la mitad del texto de los «Apuntes». Luego repasa a la ligera –mas anotando algunas imprecisiones– las *Memorias de una criolla* [sic], enumera en breve párrafo otras obras ¡publicadas! de Merlin, como *La esclavitud de la raza africana en la Isla de Cuba* [sic], y *Viaje a La Habana*, y concluye celebrando a sus traductores, lo que no le perdona Tanco (Tanco Bosmeniel 1844: 47).

Poco más adelante, en ese mismo año, se prohibió la entrada en Cuba de *Sab*[23], que antes de esa fatídica fecha había circulado limitadamente, y aunque mereciera sendas reseñas en la prensa de

---

[20] Todo parece indicar que las difíciles circunstancias económicas en que se encontraban ella y Chasles, les sugirieron sacar el mayor provecho de esta empresa, y multiplicar lenguas y lugares de edición, así como tono y dimensiones de lo concebido originalmente como un solo libro.

[21] Véase Tanco Bosmeniel 1844.

[22] Véase Gómez de Avellaneda 1844b.

[23] Véase Kelly 1945.

Puerto Príncipe y La Habana, no recibió ni un comentario del locuaz círculo delmontino, posiblemente muy misógino, muy habanero y, sobre todo, muy cauteloso después del 41.

Un breve intercambio espistolar, del que se conservan dos cartas de Merlin, del 45 y el 46, elegantemente afectuosas, y una anotación muy posterior y olvidadiza añadida por Avellaneda a la segunda de ellas, indican la existencia de cierta relación y de algún encuentro personal entre ambas (Figarola Caneda 1929: 156-157).

Mucho se ha insistido, y con razón, en que Avellaneda no incluyó *Sab* en los cinco volúmenes de sus *Obras literarias* (1869-71) con que diseñó su inmortalidad. Pero tampoco incluyó ninguna de sus otras obras trangresoras. Parece que el influjo de la iglesia, con su estricta moral y su política evangélica colonial, fue muy poderoso en los últimos años de su vida.

Sin embargo, hay resultados recientes de la nueva historiografía cubana que nos permiten reencontrar, en sus años maduros, el espíritu justiciero de aquella novel escritora que decidió no renunciar a «los sentimientos algunas veces exagerados pero siempre generosos de la primera juventud». Pues hay indicios de que durante el tiempo que pasó en Cuba, entre 1859 y 1864, Avellaneda se ocupó, silenciosamente y desde un espacio doméstico activado como *locus* político, de estimular el curso de las denuncias por malos tratos a esclavos recibidas por su marido, Domingo Verdugo (García Rodríguez 1996: 178-181 y Barcia 2000: 65-66), quien parece haber sido el alto funcionario de gobierno (teniente gobernador) que más atención brindó, en toda nuestra historia colonial, a investigar estos crímenes.

La Habana, febrero-abril de 2002[24]

---

[24] Publicado en 2004: *En torno a las Antillas Hispánicas. Ensayos en homenaje al profesor Paul Estrade*. Puerto del Rosario: Tebeto, 473-486; y en 2003: *Organon. Revista do Instituto de Letras da Universidade Federal do Río Grande do Sul* 17, diciembre: 53-59.

Ruinas y paisajes de la memoria

Es muy común que el regreso a La Habana de personas exiliadas, expatriadas, emigradas[1], incluya el ritual de una visita a las casas en que vivían cuando se marcharon de Cuba. Entre estas personas, además de empleados, académicos, alguna gran duquesa, también hay escritoras y artistas. De algunas hablaremos más adelante.

Ahora digamos, aunque sea demasiado conocido, que La Habana es una ciudad detenida urbanísticamente en el tiempo. Una ciudad donde viejos −como los que exhibe impúdicamente Wim Wenders en *Buenavista Social Club*− y también jóvenes, todos, habitamos entre ruinas o casi ruinas, en un equilibrio inestable que lejos de remitir a la angustia de Piranesi nos coloca en la pausa, en el espacio atemporal, pero cargado de tiempo, de las ruinas de Benjamin: pura fusión, amalgama, naturalización de la historia (Benjamin 1990: 117).

Vivimos, pues, como los hortelanos, las lavanderas, los amantes, los revolucionarios, los pescadores, los comerciantes, los artistas de los cuadros de Hubert Robert, entre un pasado −allá, al fondo− más o menos glorioso, que el tiempo o los hombres −sus agentes− corroen, y una cotidianidad −aquí, al frente− inaplazable, que reclama ser vivida.

Hubert Robert (París 1733-1808) pintó tantas ruinas, ruinas de un pasado remoto (*Le Pont du Gard*), ruinas en proceso (la demolición de La Bastilla), ruinas imaginarias (*La Grande Galerie du Louvre en ruines*), que es conocido como «el pintor de las ruinas».

---

[1] Para una documentada discusión de estos matices véase Kaplan 1998.

Pero Hubert Robert no es una metáfora ni un comodín para seguir hablando de este tema, sino Huberto, el protagonista casi epónimo de *El artista barquero*, novela de Gertrudis Gómez de Avellaneda sobre la que tratarán estas páginas.

Hija de un alto oficial español y de una cubana de larga ascendencia insular, Gertrudis Gómez de Avellaneda apoyó, con veintiún años, al segundo marido de su madre, también oficial de la colonia, cuando este quiso trasladar toda la familia a España. Voluntariamente expatriada[2], porque en Europa encontraría el ambiente intelectual en el que aspiraba a desarrollarse como escritora, lo primero que hace Avellaneda en Burdeos, donde permanece cerca de tres semanas antes de seguir viaje a La Coruña –tierra natal del padrastro– es visitar el cercano castillo de La Brède, donde había nacido Montesquieu. En las impresiones de viaje que escribe contemporáneamente para una prima, Avellaneda dice: «llevaba conmigo el grueso volumen de [sus] obras [...]. Si has leído a Montesquieu, si eres, como yo, entusiasta de su genio, tu alma adivinará las emociones que experimentó la mía cuando estuve en Las Bredas» (Gómez de Avellaneda 1914a: 17).

Me he detenido en este pasaje de sus apuntes bordeleses no porque ayude a conocer mejor a la autora, sino porque Montesquieu también será un personaje de *El artista barquero*.

Pero volvamos a Avellaneda. De acuerdo con sus ya citados apuntes y con su primera autobiografía, escrita en 1839, su encuentro con Galicia no pudo ser más definitorio, porque es allí, comparando sus paupérrimas villas con las ricas ciudades de la Isla, y recibiendo las más inesperadas censuras de un enamorado asustadizo (Gómez de Avellaneda 1914b, vol. 6: 114) y de las parientas de su padrastro (146), donde comienza a descubrir y a construir, en su diferencia, en su extrañeza, su condición de mujer, de cubana y de escritora, y

---

[2] Empleo este término en la acepción que le da Mary McCarthy en Kaplan 1998: 106.

donde empieza a diseñar su autoimagen, a pensar el móvil estatuto, la identidad de fronteras, el nombre con que se imagina y con el que quiere ser conocida: «La Peregrina».

Con este nombre, aplicado «a quien anda por tierras extranjeras», «a las aves de paso», «a animales, plantas, costumbres, etc., que proceden de un país extraño» (Moliner 1986: 703) firmará Avellaneda los poemas que comienza a publicar en 1838 en la prensa andaluza, después de mudarse a Sevilla con su hermano.

Todo lo anterior interesa a la novela que nos ocupa porque la protagonista de *El artista barquero*, la amada de Huberto, aquella Josefina en función de cuya unión con el pintor se desarrollan todas las peripecias de la trama, es una joven cubana alejada de su país en plena adolescencia.

Si el primer texto conocido de Avellaneda –su soneto «Al partir», escrito en el barco que la llevaba a Europa– muestra, como los apuntes de viaje y la autobiografía antes mencionados –pasando por alto convenciones literarias y lecturas– la cicatriz de su separación de la Isla, su novela *Sab* (1841), concluida en 1839 –hoy lo más estudiado de su obra–, revela no sólo su interés por ocuparse de la realidad cubana contemporánea en lo que tenía de más complejo, la esclavitud, y de tratar, en relación con esta, la condición subalterna de las mujeres –que se atreve a homologar con la de los esclavos–, sino que en lo que concierne a nuestro tema, pone de relieve su apropiación e interiorización de todos los matices de un paisaje que no se había novelado antes y que ella va a ser la primera en describir. En 1840, con el estreno de su drama *Leoncia*, y en 1842, con la publicación de su novela *Dos mujeres*, insiste en su indagación sobre la condición femenina y las torpezas del matrimonio. Pero lo que la instala en el centro de la vida literaria de Madrid –adonde se muda en el 40–, no es esta literatura subversiva sino su *Poesía*, recogida y publicada en el 41, que despliega todo el abanico de temas románticos al tiempo que renueva y multiplica las posibilidades métricas y estróficas de la lengua. A partir de entonces, ni siquiera los transgresores infortunios de su vida privada impedirán que ocupe espacios muy importantes –aunque no todos a los que aspira y por los que hace muchas concesiones, como una plaza de azafata de la reina en palacio (1847) o una silla en la Real Academia Española (1853), que le son rehusadas.

Para abreviar, digamos que Avellaneda recorre todos los registros de la literatura romántica: poesía lírica, dramas históricos y bíblicos, comedias, novela sentimental, novela costumbrista, leyendas, novela histórica a lo Walter Scott y, finalmente, novela histórica a lo Alexandre Dumas.

El artista barquero, o Los cuatro cinco de junio, la última de sus novelas, se escribe en Cuba, adonde regresa a fines de 1859 tras veintitrés años de ausencia, en compañía de su segundo esposo, quien ocupará un alto cargo en el equipo de gobierno del nuevo capitán general. A la esposa de éste, una cubana de Madrid, ofrece Avellaneda *El artista barquero*, «primera obra» –dice en su «Dedicatoria»– «que sale de mi pluma bajo el hermoso cielo de nuestra Antilla» (Gómez de Avellaneda 1914b, vol. 4: 6).

Pero esta novela se desarrolla en Francia, entre 1752 y 1754, con un breve episodio final, a manera de coda, datado en 1764. La primera parte, que tiene por escenario la ciudad de Marsella, donde se han conocido Huberto y Josefina, plantea el conflicto. Él ha dejado sus estudios de pintura y sostiene a su madre y hermanas con su trabajo de barquero, porque su padre ha sido tomado como rehén por un turco. Ella, nacida y criada cerca de La Habana, ha regresado con su padre, un rico comerciante francés, después de la muerte de su madre, una cubana, cuya pérdida, acrecentada por la destrucción del templete que la difunta había hecho construir como monumento al amor, no la ha podido soportar M. Caillard, quien busca desde entonces un artista que pinte la imagen del templete y su entorno. Un anciano desconocido a quien Huberto contara su situación, logra la libertad de su padre y le paga la continuación de sus estudios en París, lo que le permitirá en el futuro hacerse de una posición, pintar el templete y acceder a la mano de Josefina. Mas M. Caillard descubre que el enamorado de su hija es un barquero, y le prohíbe volver a verlo. Huberto, a su vez, no le dice a Josefina a dónde va ni qué va a hacer. Y así comienzan los múltiples obstáculos que ocuparán la segunda y tercera partes, entre los que se encuentran, de un lado, la Marquesa de Pompadour, que se enamora de Huberto, y todos los fastos pecaminosos de Versalles; y del otro lado, un compromiso matrimonial que Josefina acepta al sospechar que Huberto la engaña. Afortunadamente el misterioso anciano interviene y todo llega a feliz término. Cuando poco después de la boda la pareja acude a un banquete que les ofrece Pompadour con motivo del viaje de ellos a Italia, banquete al que asisten toda la literatura, las artes y las ciencias de la época, Huberto y los lectores descubrimos que su benefactor, de cuyo testamento hablan algunos comensales, fue Montesquieu, fallecido unos meses antes. Diez años más tarde, su retorno de Italia coincide con las exequias de Pompadour, a cuya tumba acude, lloroso, Huberto.

Dejando a un lado muchos otros abordajes que demanda *El artista barquero*, la menos estudiada de las novelas de Avellaneda, me propongo detenerme en esta ocasión en su múltiple representación de la nostalgia. Pero antes habría que apuntar la dimensión excepcional que en esta novela alcanza la representación. Sin tiempo para analizar la reticencia inicial del narrador a describir escenas de mucho dramatismo, ni para ocuparnos de sus abundantes digresiones sobre el arte y el artista, quiero subrayar, sin embargo, las implicaciones del hecho mismo de seleccionar a un pintor como protagonista; quiero tomar nota de esta mediación y, al mismo tiempo, del narcisismo con que la escritora se espeja en la pintura para configurar desde ella una distancia que le permita acercarse a Cuba representando una representación[3].

---

[3] Debo a un trabajo –creo que inédito– de Cecilia Graña sobre otros expatriados –los argentinos Wilcock y Cortázar–, la idea del espejeo como configuración

En un libro reciente sobre ciudades poscomunistas –San Petersburgo, Moscú, Berlín– Svetlana Boym propone una distinción entre dos clases de nostalgia, distinción a la que en principio me acojo, añadiéndole algunas adecuaciones o complementos, para posteriormente apuntar la necesidad de revisiones insoslayables. Estas clases son: la nostalgia restauradora, a menudo conservadora y reaccionaria, que enfatizando su lado *nostos*, su lado de regreso, aspira a reconstruir o a recuperar el hogar perdido, y a remendar las grietas de la memoria, o a enmendar la historia; y la nostalgia reflexiva, que ama los detalles, no los símbolos, y enfatizando su lado *algia*, su lado doloroso, se ocupa de cultivar la sensación de añoranza y de pérdida, el imperfecto proceso del recuerdo, del tiempo histórico e individual, de su transcurso, de la irrevocabilidad del pasado (Boym 2001: xiii, 41, 49). Ambas clases de nostalgia, pero no sólo ellas, son evidentes en *El artista barquero*.

Como nostálgico restaurador M. Caillard es un monomaníaco –así es llamado veinte veces en la novela– obsedido por devolver a su estado original, mediante el arte, el templete destruido por el nuevo dueño de sus tierras. Para él las ruinas del templo del amor constituyen un testimonio del fracaso de su vida emocional. Pero en la mecánica desplazadora de la temporalidad histórica de Cuba que opera Avellaneda en esta novela –sobre la que volveremos inmediatamente– el fracaso que M. Caillard quiere cancelar con la restauración simbólica del templete podría ser también el representado por la quiebra de los productores de café del occidente de la Isla a mediados del siglo xix y la destrucción de sus cafetales, sustituidos por plantaciones de caña de azúcar.

Cuando se introduce en la novela un providencial condiscípulo cubano de Huberto en el taller de su maestro, no sólo aparece el actante que le suministrará la información visual necesaria para que el protagonista pueda pasar su prueba suprema: pintar fielmente el

---

de una distancia.

templete que le permitirá casarse con Josefina. También aparece con él una dimensión inesperada en la novela, esa particular contribución al «estilo de imaginar», al *imagining* de la comunidad nacional que Mary Louise Pratt ha encontrado en textos de escritoras hispanoamericanas del siglo XIX[4].

Si confrontamos el arsenal de fuentes arquitectónicas y pictóricas que su condiscípulo le consigue a Huberto con el desarrollo histórico de la arquitectura y de las artes visuales en La Habana del primer tercio del siglo XVIII, encontramos que a la ciudad le faltaban todavía varias décadas para inaugurar su fastuosa imagen barroca con la catedral y los palacios de la Plaza de Armas, levantados en la segunda mitad del setecientos; y que para álbumes con litografías de paisajes, flora y fauna, así como para la llegada del neoclásico arquitectónico, habría que esperar algo más de un siglo, hasta casi mediados del XIX. Lo mismo podría decirse del café, traído por colonos franceses que huyen de Haití a Santiago de Cuba después de la Gran revolución y de la rebelión de los haitianos, entre fines del siglo XVIII y comienzos del XIX, cultivo que sólo llega más tarde al occidente de la Isla.

El hecho, pues, es que mientras que para los escritores hispanoamericanos decimonónicos el espacio americano es una vastedad vacía, un territorio bárbaro por civilizar, con una historia por hacer, en las páginas de las escritoras hispanoamericanas de la época, como ha advertido Pratt, se habla de una historia ya existente, porque ellas se sienten responsables de esa historia y de su continuación, no sólo en el plano biológico, sino también en el de la representación, ya que «la supervivencia y la continuidad social» –sigue diciendo Pratt– «siempre han formado parte del trabajo y el deber cívico de la mujer» (1993: 57). En el caso de esta novela de Avellaneda esa historia y esa cultura no sólo existen, sino que son desplazadas, además, hacia el

---

[4] Véase Pratt 1993.

pasado, como para que ocupen más espacio, para que produzcan más «significancia».

Como nostálgica reflexiva Josefina es la que narra, plenamente consciente de que pertenece a un ayer cancelado, la historia cubana de la familia. Ella es la que cuenta cómo, por qué, por quiénes se construyó el templete, cómo era, cómo fue destruido. Y en su nueva vida no sólo exhibe las huellas de haber sido cubana, sino que parece seguir siéndolo a su modo, un modo hecho de detalles: canta aires populares cubanos, conserva un acento peculiar, cuando quiere obtener algo del padre le habla en español, tiene un perro habanero, una jaca camagüeyana y pájaros tropicales.

Pero el narrador, sin embargo, va a ser demasiado insistente en esa «cubanidad». De la casa de Josefina destaca sólo aquello que la acerca a las casas de la Isla: la ventana, las persianas, la reja, la verja, la madreselva, los claveles, los naranjos... La llama siempre «cubana», «habanera», «indiana», «criolla», «hija de Cuba», «virgen del Trópico»; subraya que sus rasgos son meridionales, que sus formas rápidamente alcanzadas le otorgan una mezcla de inocencia y sensualidad, que en ella una lentitud voluptuosa se acompaña de mucha expresividad y alegría, que siempre viste de blanco y lleva el cabello suelto.

Mas cuando comenzamos a inquietarnos porque lo que se nos viene encima es un estereotipo demasiado frecuente, demasiado molesto, aparece «un delicado piececito de aquellos que solo produce Cuba» (Gómez de Avellaneda 1914b, vol. 4: 17), y Josefina dice «Mis doce años cumplía la misma mañana en que pisé las playas de Marsella» (26), con lo que vamos a dar, veinte, treinta años antes de que Avellaneda reescriba esta autorrepresentación nostálgica de la cubana, a los textos de su admirada Condesa de Merlin[5], que

---

[5] *Mes douze premières années, Souvenirs et mémoires de Madame la Comtesse Merlin...* y, sobre todo, *La Havane* (del cual aparecieron Paris: Amyot, 1844. 3 t., y dos ediciones belgas y una holandesa de ese mismo año), cuya versión española muy reducida, *Viaje a La Habana*, publicada ese mismo año, lleva unos apuntes

inauguran la serie de libros de autoras nacidas en Cuba o de padre(s) cubano(s) que desde otras literaturas y/o lenguas construyen un país portátil, o indagan sobre la condición cubana, o quieren reinventar o modificar la historia de la Isla. Este es el tema de la investigación de la que forman parte estas páginas, y en él, entre los múltiples conflictos que afloran, no sólo está el de la autorrepresentación, bien polémico desde tiempos de la carta de Merlin a George Sand sobre las habaneras, publicada en la prensa de la capital de la Isla en 1843, sino también el de la representación de la *otra* más *otra*: la esclava, la mujer de color.

Niná, la antigua esclava de su madre y ahora sirvienta de Josefina, contribuye en grado sumo a producir la «cubanidad» de ésta —tema para el que no tenemos tiempo—, y siendo un personaje con una identidad congelada, al que su mismidad, su imposibilidad de confundirse con otro —como la Mayorala Elmira en *El recurso del método* de Alejo Carpentier— no le ha permitido fabricar su nostalgia —tema en el que tampoco puedo detenerme— es, sin embargo, quien proporciona la «perspectiva extra-occidental»[6] desde la cual se describe el cuadro pintado por Huberto.

Testigo de algo que sobrepasa su entendimiento, Niná no puede explicarse cómo tiene ante los ojos el lugar en que nació y vivió: «lo que está allí —dice— no es obra de ningún hombre» (169); no conoce — como tampoco Ti Noel, ante la representación de la *Fedra* de Racine, y Solimán, el antiguo esclavo de Paulina Bonaparte, ante la Venus de Canova, en *El reino de este mundo*; o como Filomeno ante un lienzo

---

biográficos de la autora escritos por Avellaneda (1844 Madrid: Imprenta de la Sociedad Literaria y Tipográfica). Para más detalles, véase en este volumen «1841: dos cubanas en Europa escriben sobre la esclavitud».

[6] Véase Ambruster 1982 para este sintagma con que aborda la reacción ante la cultura europea de personajes afroantillanos de Carpentier. No son arbitrarias, como se verá a continuación —aunque tampoco podamos detenernos a analizarlo—, las referencias en este trabajo a nuestro novelista del xx.

con Eva y la serpiente, en *Concierto barroco*– la mediación del arte. Y describe lo que ve no como aparece en el lienzo, sino como si una reprimida nostalgia estallara de repente y activara una memoria marcadamente afectiva que encuentra en cada imagen la huella de una experiencia a partir de la cual puede al fin verbalizarla. El narrador, rozando un terreno tabú al que no se atreve a entrar, insinúa que Niná intenta encontrar una respuesta a su desconcierto en lo que llama sus «supersticiones», es decir, su religiosidad afrocubana –tema en que tampoco me puedo detener.

Volviendo al principio de estas páginas, al hoy de La Habana, debo decir también que existen cubanos que no regresan, pero que durante cuarenta años no han cesado de preocuparse por la representación jurídica y topográfica de sus casas, atesorando una documentación –fotos, planos, certificaciones– probatoria no de esa nostalgia dolorosa, afectiva, que privilegia el no volver, el recuerdo a distancia, sino de la propiedad de bienes inmuebles que aspiran a recuperar, a reincorporar a su *patri*-monio.

Frente a ellos, el producto derivado de los *nostoi*, de los regresos de algunas de las escritoras y artistas que recordé en mi primer párrafo, resulta muy útil para repensar la clasificación de nostalgias propuesta por Boym no sólo desde la perspectiva étnica ilustrada por Niná, que trasciende una tipología que ignora la racialidad, sino también desde la perspectiva de género que la eslavista no ha tomado en consideración.

En este sentido, una crónica reciente de la narradora cubano-puertorriqueña Mayra Montero sobre la visita a casas de su infancia (Montero 2001), y la instalación de la artista cubano-americana María Elena González presentada en la última Bienal de La Habana (Fundación Ludwig, otoño de 2000), evidencian modos de construcción, fruición y representación de la nostalgia, que, dejando a un lado esencialismos muy discutibles, ilustran una percepción de género en que espacialidad y temporalidad se pluridimensionan mutuamente, proponiendo una recurrencia de pérdidas y ganancias en que intervienen no sólo la historia, sino también la imaginación y la memoria.

Arquitectura Mnemónica, la instalación de González, consiste en el trazado, con pintura fosforescente de una tonalidad muy clara, de la planta de su casa cubana en el pavimento de una habitación apenas iluminada. El público invitado a recorrerla la amuebla, como en los juegos de las niñas, pero con sus recuerdos o sus fantasías, (re)creando cualquier casa. En las de su infancia, Montero encuentra ausencias y nostalgias, junto a las cuales, las suyas propias sólo son otras más que sumar a la larga cadena de lejanías y permanencias, de ausencias sin retorno que encierran estas y todas las casas: las del marino mercante, ahora jubilado y viudo, que ha vivido por años donde ella vívía con sus padres; y las que exhiben las cartas escritas por el bisabuelo y los tíos que se quedaron en Galicia durante la Guerra civil, que la nueva inquilina de la casa de los abuelos encontrara en un estante.

La Habana, Los Angeles, Porto Alegre, abril-julio de 2002[7]

---

[7] Este texto es una versión ampliada de la ponencia presentada en el congreso de ABRALIC (Asociación Brasileña de Literatura Comparada), celebrado en Belo Horizonte en julio de 2002. Se publicó también en 2003: *Mediações, Anais do VIII Congreso Internacional ABRALIC 2002*. Belo Horizonte: Universidade Federal de Minas Gerais (CD-Rom); y en 2003: *La Gaceta de Cuba* 2, marzo-abril: 35-37.

«Cuando salí de La Habana». *Cartas de México*, de Aurelia Castillo de González

Durante el siglo XIX, políticos, diplomáticos, hombres de letras o de negocios, arqueólogos, naturalistas, geógrafos, lingüistas, religiosos y antropólogos, es decir, adelantados de la ciencia y la codicia de Europa y de los Estados Unidos, recorrieron la América Latina y dejaron como evidencia de sus itinerarios una copiosa literatura de viajes que, tanto en su momento como posteriormente, ha sido muy difundida y estudiada a ambos lados del Atlántico. Pero conformando una corriente paralela y opuesta, también fue reuniéndose desde inicios de ese siglo un nutrido corpus de textos de viajeros hispanoamericanos que narran sus experiencias por tierras europeas y estadounidenses y que apenas ha comenzado a estudiarse[1].

A tono con la historia del Continente y la proyección de sus rumbos educacionales y estéticos, la mayor parte de estos viajes fueron motivados por la persecución política o el destierro, el estudio de las instituciones de Europa y los Estados Unidos, o el placer de visitar los centros de la cultura (Pagni & Ette 1992: iv), lo que frecuentemente puede leerse como subtexto en las páginas de revistas, periódicos o libros en que los viajeros comunican y comentan sus experiencias, y donde van a encontrar uno de sus espacios privilegiados los discursos sobre la modernidad en la América Latina (Ramos 1989: 145).

---

[1] Véase, por ejemplo, Viñas 1977 y Ramos 1989. Estuardo Núñez ha publicado dos antologías de viajeros: *España vista por viajeros hispanoamericanos* (1985) y *Viajeros hispanoamericanos. Temas continentales* (1989).

Mas junto a quienes viajan de nuestras tierras post o aún coloniales a las metrópolis políticas y culturales; es decir, además de quienes recorren caminos de una topografía simbólica que los conducen de la periferia al centro, del pasado al futuro, de la barbarie a la civilización, del caos al orden, trazando una ruta que poco a poco va conformándose en un ritual iniciático en la modernidad (Ramos 1989: 145, 147), hay también viajeros que dirigen sus pasos a otros países de la América Latina, adoptando en no pocos casos una perspectiva de centro en relación con esos márgenes adonde se desplazan, y en otros –ciertamente los menos– intentando descubrirse en el espejo de Calibán.

Las *Cartas de México* que nos proponemos comentar pertenecen a este pequeño grupo de textos, pero también pueden leerse como parte de esa literatura de viajes escrita por mujeres que en los últimos tiempos ha movilizado a algunos estudiosos de la producción textual femenina tanto por la riqueza y variedad de la información que aportan al conocimiento de la vida cotidiana del país visitado, desde una perspectiva femenina que recupera igualmente las condiciones de vida de la mujer en el país de origen de las escritoras, como por el material que proporcionan a la crítica y a los estudios de género, ya que ofrecen una amplia documentación sobre las condiciones de producción literaria de las mujeres o los caminos por los que han circulado los proyectos sobre la educación y la emancipación femeninas.

Es pues, desde una perspectiva que privilegia la triple marginalidad de estas *Cartas* –bloqueadas tanto por la subalternidad en que el canon tradicional coloca a la literatura de viajes como por la condición femenina y la ubicación geográficamente periférica de su autora–, y desecha los que han sido hasta ahora los enfoques tradicionales de la crítica –ocupados en celebrar las hazañas de los viajeros, los valores documentales de sus textos o sus excelencias estéticas (Pratt 1992: 10)–, que les proponemos acercarnos a ellas.

Viajeros mexicanos y cubanos

En 1882, hablando de «la literatura nacional», decía Altamirano: «Los libros de viaje son más escasos. Los mexicanos que viajan, generalmente no escriben nada [...]». Y este juicio lo reiteraba ese mismo año en el prólogo del *Viaje al Oriente* de Luis Malanco: «Los mexicanos viajan poco, y los que viajan, no escriben, ni publican sus impresiones o sus recuerdos. Esta es una verdad tan notoria en México, que no necesita demostrarse» (citado en Gutiérrez Nájera 1959: 232). Sin embargo, dos años más tarde, y con su característico tono irónico, Gutiérrez Nájera volvía a tratar el tema en un comentario al libro de Alberto Toledano sobre los Estados Unidos:

> En México, este género está tan atrasado o más que los otros. Aquí ninguno viaja. ¡Qué van a viajar los literatos si llevan la vida más aporreada que puede darse, y solamente salen fuera de garitas cuando les dan un empleíllo diplomático, o les destierra el gobierno por haberse metido a politicastros revoltosos! Ha habido algunos felices [...] que han viajado y escrito sus aventuras; pero no es muy grande el número de los escogidos, y aun entre los escritores que han visto algo más que el bosque de Chapultepec y la laguna de Texcoco, los más guardan para su coleto lo que de tales correrías podrían decir, porque la imprenta es algo cara, el papel mucho y sólo gustan de leer los que leen gratis. (citado en Gutiérrez Nájera 1959: prólogo)[2]

Si no viajaban los mexicanos, menos lo hacían las mexicanas; y si algunas lo hicieron, acompañando a padres, hermanos o maridos, sólo dos, Enriqueta y Ernestina Larrainzar, escribieron sobre sus experiencias un extenso libro en cuatro tomos: *Viaje a varias partes de Europa*, publicado por entregas entre 1880 y 1882, al que otra hermana, Elena L. de Gálvez, añadió un *Apéndice* escrito con la

---

[2] Altamirano, en el prólogo citado, contaba en 1882 sólo nueve o diez libros de viajes debidos a mexicanos.

finalidad de informar al lector acerca de regiones no visitadas por las autoras[3].

En Cuba, por lo contrario, se viajó mucho y se produjo, tanto por hombres como por mujeres, una abundante literatura de viajes durante todo el siglo XIX. Puente natural entre España y la Tierra Firme en los siglos XVI, XVII y XVIII, la Isla había sido la «Llave del Nuevo Mundo»: la entrada, el camino hacia las codiciadas riquezas que ella misma no atesoraba en su subsuelo. «Antemural de las Indias Occidentales», La Habana, rozada por la rápida Corriente del Golfo, fue el puerto fortificado que la Corona destinó a garantizar la seguridad de pasajeros y tesoros que partían de América rumbo a España, condición que también mantuvo después de la desaparición de la flota, mientras los barcos fueron el único medio de transporte entre los continentes. Por ello la ciudad contó siempre, casi desde su fundación, con una población suplementaria y peregrina de soldados, marinos y viajeros en ajetreado ir y venir, que bien pudieron comunicarles a sus habitantes esa «ansiedad del viaje» que caracteriza a muchos cubanos y que está presente en tantas páginas de la literatura y en tantas canciones de la Isla.

Pero desde los años treinta del siglo XIX, es su «insularidad» histórica, ese aislamiento en que queda Cuba –al igual que Puerto Rico– en relación con el resto de la América Hispana, ya independiente de España, el primer motor de estos viajes con que un número importante de miembros o ideólogos de la emergente burguesía criolla buscan una salida a la trampa a la que los había conducido el modelo de desarrollo «a la inglesa» que habían adoptado desde fines del XVIII. Los sacarócratas cubanos se habían convertido en pocos años en los mayores productores de azúcar del mundo, gracias a la explotación de centenares de miles de africanos. Y esto, al tiempo que los había dotado en pocas décadas de un nivel de vida y un horizonte de expectativas

---

[3] Véase Olivares Mansuy 1991.

superiores a los de cualquier otra élite americana, les impedía separarse de la metrópoli, porque el marcado desequilibrio demográfico determinado por la esclavitud podía convertir a la Isla independiente en una «república de negros» como Haití. Es por ello que, prisioneros de sus propias riquezas, emprenden reiterados viajes en busca de soluciones que les permitan participar más en la dirección política de la Isla, pero que al mismo tiempo no los obliguen a desprenderse de sus esclavos. Por eso los Estados Unidos suelen ser el destino de muchos de estos viajes, y la idea de una potencial anexión de la Isla a su «poderoso vecino», el cañamazo en que se bordan estos itinerarios.

Mas no sólo se viaja en busca de soluciones inmediatas. Los recorridos sobre todo por el Viejo Continente, pero también por Norteamérica, de quienes se proponen modernizar la educación y la economía, tienen como sustento proyectos políticos reformistas, o que aspiran a sentar las bases de una independencia diferida para cuando se produzca el ansiado «blanqueo» de la población por el fomento de la inmigración europea, siempre dilatado por España que sabe que así podrá mantener a los criollos como rehenes de sus propios intereses económicos y de sus miedos. Igualmente, hay quienes tienen que abandonar la Isla perseguidos o desterrados por el gobierno colonial, y aunque en muchos casos siguen trabajando para Cuba, y más que acerca de lo que los rodea, escriben de lo que está sucediendo en ella o del estado de desamparo emocional en que se encuentran, los «proscriptos» ofrecen abundantes testimonios de su involuntario peregrinar, en los que también se inscriben sus búsquedas en el horizonte político de la época.

Una viajera cubana

La condición colonial de Cuba, la existencia en ella de fuertes corrientes de oposición y su cercanía a los Estados Unidos hicieron que la conmemoración del IV Centenario del Descubrimiento tuviera en la Isla características y desarrollos muy especiales. La prensa no dejó pasar la oportunidad para ventilar sus profundas diferencias y los ánimos se caldearon tanto que, aprovechando la ocasión de que la infanta Eulalia de Borbón representaría a la Corona española en la Exposición Colombina de Chicago, se decidió que visitara antes La Habana, en mayo de 1893, en inútil misión de paz que ella ha comentado –tan irónicamente como la desempeñó– en sus «Memorias» (Borbon 1983). Por esta razón, y también porque se buscaban potenciales espacios de coincidencia que contribuyeran a crear un clima propicio para posibles reformas, la Exposición de Chicago, hasta entonces episodio menor y hasta molesto en el vasto programa conmemorativo, cobró súbita importancia, y el gobierno y los círculos cercanos a él se mostraron muy interesados en que Cuba estuviera ampliamente representada en ella.

Como ya iba siendo una costumbre de las capas pudientes de la sociedad cubana pasar los veranos «en el Norte», la Exposición movilizó a muchos turistas, pero también concurrieron a ella, como expositores o clientes, grupos importantes de comerciantes, industriales, hacendados y profesionales. En consecuencia, los más influyentes diarios y revistas de la época enviaron uno o más corresponsales a Chicago para mantener informados a sus lectores de lo que ellos mismos habían convertido en tema de interés nacional.

El periódico *El País*, órgano del Partido Liberal Autonomista, encargó de esta tarea a dos de sus más notables colaboradores: Aurelia Castillo de González (1842-1920) y Raimundo Cabrera (1852-1923), quienes ya eran conocidos de sus lectores, pues con anterioridad habían publicado en sus páginas otras «cartas de viaje», y desde sus perspectivas, distintas por muchas razones, podían satisfacer los intereses del más variado público. Si Cabrera, como acababa de demostrarlo[4], contaba con un dominio mayor de los Estados Unidos

---

[4] En 1892 se publicaron en libro con un título que remitía al director de *El País*, sus crónicas sobre los Estados Unidos, aparecidas antes en ese periódico:

y poseía una visión fundamentalmente política, Castillo había salido triunfante de la prueba de mantener a sus lectores al tanto de todos los detalles de la Exposición Universal de París, y, sobre todo, era mujer: hecho importantísimo porque la novedad mayor incorporada por la de Chicago a esta abrumadora carrera de exposiciones que ocupó todo el fin de siglo, era la de haber dedicado un vasto edificio a exponer las conquistas y realizaciones de las mujeres en las más diversas esferas. Pero algo más distinguía a Castillo no sólo de su colega, sino también del resto de los que viajaban a Chicago: en vez de embarcarse rumbo a un puerto del Sur o del Este de los Estados Unidos para después tomar un tren que los llevara allí, ella y su marido –que en este caso, a diferencia de las viajeras que conocemos, era *el* acompañante– habían partido rumbo a Veracruz, con la evidente intención de visitar México. Pero, ¿por qué este viaje?

Tres textos de Castillo publicados a comienzos de los ochenta muestran la atracción que sobre ella ejercía la historia de México, así como su conocimiento de la misma. Son las vidas de Xicotencatl, Doña Marina y Moctezuma, que en la edición de sus obras ocupan cerca de doscientas páginas (Castillo de González 1913-1918, vol. I: 285-465), y en las que ya se advierte un marcado interés por juzgar el pasado –la Conquista– a tenor de su significación ulterior, porque es, sin dudas, el presente de este país lo que realmente la atrae.

Esto se evidencia mucho más en otro texto suyo producido en circunstancias que refuerzan esta impresión: la carta en que reseña para *El País* su visita al pabellón mexicano de la Exposición Universal de París, que había despertado muchas expectativas en ella, dada la profunda simpatía que confiesa sentir por México («le estoy agradecida por la hospitalidad que en su seno encontraron los emigrados cubanos») y la compensación que en él pensaba hallar frente a lo que iba a experimentar al contemplar la presencia de Cuba en el pabellón de España («yo sentía bullir en mi alma la esperanza de encontrar

---

véase Cabrera 1892.

allí algo espléndido que me consolara un poco de las tristezas que me aguardan en la Exposición y que no me apresuro a buscar»). Pero esta visita la dejó, «a fuer de americana, algo desconsolada», porque informada por amigos de los grandes adelantos de México, no había encontrado sino magros ejemplos de su desarrollo (Castillo de González 1913-1918, vol. II: 169-172).

Nacida en 1842 en Puerto Príncipe, Camagüey; casada con un oficial español que durante la primera guerra de independencia de Cuba fue expulsado de filas por disensión; desterrada una vez, y otras veces viajera por voluntad propia; poeta, narradora, cronista, biógrafa de Gertrudis Gómez de Avellaneda, traductora, a comienzos de los noventa Aurelia Castillo de González era la figura femenina más destacada y activa de las letras cubanas, lo que salta a la vista al revisar las principales publicaciones del momento, donde su nombre aparece junto con los de representantes de las más disímiles corrientes en una armonía bien documentada y tan evidente que cuando Lezama Lima, en su *Antología*, la coloca al frente del grupo de los que llama «Poetas de transición» (Lezama Lima 1965, vol. III: 403-410), podríamos asumir que no sólo se está refiriendo en su caso a valores exclusivamente literarios, sino a esa capacidad suya de situarse al mismo tiempo en espacios relativamente antagónicos. Asidua colaboradora de *El Fígaro* y *La Habana Elegante*, semanarios donde publicaban los modernistas, y amiga de Julián del Casal, quien en *Bustos y Rimas* le dedicó una de sus dos semblanzas de mujeres[5], es, sin embargo, en la *Revista Cubana* –que dirigía el positivista Enrique José Varona y donde poco después de publicadas en *El País* aparecerían estas *Cartas de México*–, donde por convicciones y credo estético se encuentra más en su lugar.

---

[5] La otra es la de Juana Borrero, cuya poesía se editará en 1895, junto con la de otros Borrero, en un libro: *Grupo de familia*, prologado por Aurelia Castillo de González.

Volviendo, pues, de la biografía y de los textos vistos anteriormente a la pregunta que nos había llevado a ellos, todo parece indicar que son el positivismo –asumido por ella como una ideología del progreso, de la ciencia, del desarrollo técnico– y su patriotismo –todavía indeciso entre un proyecto separatista, que en la Isla se avizora como una remota utopía, y uno autonomista, que de momento parece el más viable–, los que la inducen a visitar este país, al que la unen afectos y devociones antiguos, y que se le presenta, por todo lo que de sus adelantos le han hablado, como un posible modelo de república a ser tomado en cuenta por los cubanos. De este modo su viaje, a semejanza de los de Sarmiento, Alberdi y tantos otros hispanoamericanos, podría leerse como un viaje de iniciación, de aprendizaje, pero a diferencia de los realizados por ellos, su ruta no conduce a Europa o a los Estados Unidos: su modelo está más cerca.

Un viaje y un libro

Desde los tiempos en que el fraile juanino José Rodríguez Ucrés, Ucarés o Uscarrés, alias El Capacho, reseñó en versos satíricos compuestos antes de 1788 el *Viage que hizo de la Havana a Vera-Cruz y Reyno de México* (véase Bueno 1981: 177-178), han sido muchos los cubanos que encaminaron sus pasos a este país y escribieron acerca de lo que vieron y vivieron en él. Las revistas románticas habaneras de mediados del siglo XIX recogieron en sus páginas las «impresiones» frecuentemente novelescas de quienes habían visitado por esos años la capital y sus alrededores[6]; pero también se publicaba en otras el

---

[6] Véase, por ejemplo, la *Revista de la Habana*, de 1855, donde aparecen los «Recuerdos de mi viaje a México», de Ramón María Valdés; o la *Floresta Cubana*, de 1856, que en doce entregas presenta los «Recuerdos de Méjico», de Emilio Auber, quien había vivido en esa ciudad en 1840. En 1849, *El Artista* reproducía

resultado de excursiones científicas a sus zonas periféricas[7]. Es, sin embargo, entre finales del siglo XIX y comienzos del XX cuando aparecen en La Habana y otras ciudades libros, dedicados a reseñar viajes a México, escritos por cubanos o por periodistas españoles adscritos a diarios habaneros. La amplia bibliografía comentada sobre viajeros de todo el mundo que describen la capital mexicana entre 1800 y 1920, compilada por María Dolores Morales (Morales 1986: 105-143) a partir de los fondos de las bibliotecas más importantes –incluyendo la especializada de don Felipe Teixidor–, recoge a seis cubanos[8]. Pero entre ellos no están los escritores de mediados del XIX a quienes nos hemos referido anteriormente, ni un interesante viajero cuyos recorridos lo llevan por otras zonas y que publica su libro con posterioridad a 1920 (Cañizares 1947)[9]. Tampoco está Aurelia Castillo de González, y esta sí es una ausencia lamentable en la por lo demás excelente bibliografía de Morales, porque aunque sus «cartas» merecieron en

---

«El viaje al nevado de Toluca en Méjico», de José María Heredia, muerto diez años antes.

[7] Véase, entre otras, las *Memorias* de 1849 de la Sociedad Económica de Amigos del País, que incluyen los «Apuntes sobre Yucatán», del naturalista Tranquilino Sandalio de Noda.

[8] Uno de ellos, Francisco de Prida y Arteaga, no es cubano. Su libro, *Méjico contemporáneo*, escrito conjuntamente con Rafael Pérez Vento –cubano al que la autora no cita–, no es un libro de viajes sino un texto destinado a ensalzar la gestión porfiriana y a ser distribuido en la Exposición Universal de París, de 1889. La edición de esa fecha que se encuentra en la Biblioteca Nacional de La Habana, está impresa en español, y no en francés, como la que se recoge en esta bibliografía.

[9] Otros títulos correspondientes al período que no aparecen en esta bibliografía son los de un español residente en La Habana, Juan Martínez Villergas: *Viaje al país de Motezuma* (1859), y el de los Tamames: *Un viaje a México; aventuras de dos cubanos* (1908). Podría añadirse también la descripción de Veracruz publicada en 1874, con el título de *La heroica ciudad de Veracruz* [...], por Ildefonso Estrada y Zenea.

su momento algún comentario de *El Monitor Republicano*[10], resulta evidente que en la actualidad parecen ser totalmente desconocidas en México, lo que podría deberse al hecho de que en sus dos ediciones en forma de libro aparecieron bajo el título poco específico de *Un paseo por América*[11].

La experiencia del viaje y la experiencia de la escritura no son contemporáneas. En ocasiones las separan meses, años, décadas: ese es el caso de muchos «libros de viajes» o de las «memorias» en que se incorporan los relatos de las andanzas de sus redactores. Pero las «cartas», ya se dirijan a destinatarios particulares o a los lectores de un periódico o de una revista, deben escribirse cuanto antes; y las de Castillo cumplen estrictamente esta norma. La autora y su marido arriban a Veracruz el 3 de julio de 1893 y al día siguiente parten en tren rumbo México, adonde llegan el 6. La primera carta está fechada en esta ciudad el 7 de julio y da cuenta de todo lo acaecido hasta este momento, que su autora considera digno de dar a conocer. En el Distrito Federal permanecen todo un mes: aquí aparecen fechadas, el 15 y el 29, dos cartas más. El 7 de agosto salen rumbo a Laredo. Parte de su carta número IV, fechada en Chicago el día 27, cuenta las peripecias de su accidentado viaje hasta la frontera[12].

Pero el lugar geográfico de articulación de un relato de viaje, si bien funciona en relación con el destinatario como legitimador

---

[10] La autora se refiere a ello en la nota que añade a la primera reedición de estas «Cartas» por la *Revista Cubana*, y que aparecerá en todas las ediciones posteriores, incluyendo la de sus «Escritos». Véase Castillo de González 1913-1918, vol. III (2): 6.

[11] La primera edición en libro fue *Un paseo por América. Cartas de México y de Chicago* –véase Castillo de González 1895. La segunda fue la incluida en Castillo de González 1913-1918, vol. III.

[12] En su viaje de Veracruz a la capital, Castillo se detiene un día en Orizaba y visita Ingenio. También hace una pequeña escala en Esperanza. En el trayecto de México a Laredo, pasa un día en San Luis de Potosí y hace otra pequeña escala en Catorce.

del texto, como garante de la experiencia que narra, no basta para indicarnos «desde donde» se escribe. Como se ha dicho, nadie viaja a lo ignoto: el viajero se dirige a un país conocido por lecturas y conversaciones; un lugar imaginado, construido previamente. Y, además, «el yo que viaja [...] transporta consigo todas las posiciones que ha ocupado [y] está simultáneamente en todas partes, recapitulando a cada instante una totalidad de etapas, una cantidad de saberes» (Mónica Tamborenea 1992). Las primeras líneas de Castillo son muy elocuentes: «Estábamos en Ginebra, y pasamos ahora a Veracruz... no; afortunadamente, hemos cruzado antes por la Habana» (Castillo de González 1913-1918, vol. III). Este doble punto de partida –Europa y Cuba–, y la perspectiva al mismo tiempo desde arriba y desde abajo que implica[13], concuerdan con la doble motivación de su viaje, la científica y la patriótica; pero también inscriben en el texto las huellas de sus recorridos y sus experiencias anteriores.

Como casi todos los viajeros que han visitado México (véase Ortega y Medina 1955), Castillo culpa a la vieja España de sus desgracias; pero como conoce bien su condición actual y como cubana padece sus males, en muchas de sus reconvenciones o alabanzas de costumbres, instituciones o hechos de la vida mexicana, introduce un paralelo directo o indirecto con España, que siempre va en detrimento de ésta. Así, cuando describe Veracruz, dice que se le pareció a una mezcla de aldea de Castilla con barrio de Granada, porque sus casas le recordaban las castellanas, «oliendo a humedad, a pantano, a todo lo insalubre, a vivienda sin desagües, que guarda cuanto debiera correr o tirarse lejos de ella»; y sus gentes pobres –los indios–, «con sus ropas y greñas en completo descuido [...], guisando y comiendo

---

[13] Esta topografía simbólica, que se corresponde con el orden y el caos, la civilización y la barbarie, fue propuesta por Sarmiento en sus *Viajes por Europa, Africa y América*, de 1849. Véase Ramos 1989: 147.

a la vez», a los gitanos de Granada (vol III: 5-6, 8). Pero cuando celebra largamente la Academia de Bellas Artes y la compara con la de La Habana, no es a esa condición periférica que ha ido adquiriendo España —y que ilustra la *boutade* de que «África comienza en los Pirineos»—, a lo que señala, sino a su aberrante y burocrática política colonial, que, sin dudas, la ha conducido a ella:

> ¡Oh, tristes recuerdos de la patria, que en todas partes me asaltáis! No vengáis a presentarme el destartalado caserón que sirve en la Habana para Academia de pintura y escultura, para Biblioteca pública y para la tan benemérita Sociedad de Amigos del País. Tres en un zapato ¡en un viejo zapato de la desdichada colonia! Y los ministros [de España] se quiebran la cabeza, y aun creo que tienen ganas de arañarse, discurriendo cómo han de bautizarla [a Cuba]: una provincia, tres departamentos, seis provincias, tres regiones… basta, señores! llamadla una factoría y acertaréis. (vol. III: 36-37)

La mayor parte, sin embargo, de las huellas dejadas en su texto por otros viajes son meros términos de comparaciones casi siempre favorables a México: el verdor de Chapultepec supera al del bosque de Bolonia o a las alamedas de Granada y Florencia (vol III: 19); los ferrocarriles mexicanos suben más alto que los suizos (14). Pero hay otras referencias que más que huellas constituyen intuiciones, proyecciones que se relacionan de algún modo con prácticas y concepciones de los modernistas y de los independentistas cubanos: se trata de la presencia de Hispanoamérica, esa macropatria que la autoriza a llamar a los mexicanos «nuestros hermanos» (7), a las de México «nuestras tierras americanas» (14) y a quienes pronuncian la zeta y la ce como ese «la familia hispanoamericana» (12). Por ello ese primer contacto suyo con la América Hispana a través de México la induce a decir, empleando para ello adjetivos insólitos, que en su capital se aprecia una «combinación feliz de la luz *ecuatorial* y la frescura *andina*» (17, los énfasis son míos).

A diferencia de otras viajeras (véase Diadiuk 1973), su libro nada aporta al conocimiento de la vida cotidiana, doméstica, del país que visita, ni brinda información alguna acerca de la situación femenina. Sus referencias a la mujer se reducen a los aspectos vinculados al tema en que centra su interés: el progreso. Por ello la educación de las mujeres la atrae tanto que se ocupa en más de una ocasión de la Escuela Normal de Maestras, y cuando describe las clases que en ella se ofrecen, insiste en las matemáticas y en las ciencias naturales y, muy particularmente, en los experimentos que llevan a cabo las discípulas (Castillo de González 1913-1918, vol. III: 31-32). De igual modo, cuando se refiere a la galería de retratos de próceres del Museo Nacional, si bien resalta la condición femenina de Sor Juana y el hecho de que es la única mujer representada, lo que más se evidencia es otro rasgo de su filosofía del progreso: su anticlericalismo –puesto de manifiesto también en otros pasajes (33)–, ya que subraya que el claustro no la pudo agotar (34). Sin embargo, sí demuestra tener una clara idea de las condiciones generales de la mujer y del tratamiento injustamente discriminatorio que ha recibido, pues dice que Juárez creó la Normal «pensando antes que en el hombre –privilegiado siempre– en la destituida mujer» (31), «para dar[le] educación que la saque de su ya prolongada minoría» (24). Y, por otra parte, al autorrepresentarse en su relato como narradora o como protagonista, ya asume con demoledora ironía los rasgos tradicionales caracterizadores de una supuesta percepción femenina (9), o se exhibe enfáticamente ocupando espacios no destinados a la mujer (vol. III: 39-43), con lo que anuncia el camino que seguirá en los próximos meses, cuando se convierta en una de las primeras feministas cubanas[14].

---

[14] Entre fines de 1894 y principios de 1895, Castillo contribuye a preparar un número especial de *El Fígaro* dedicado a la mujer cubana, que aparece el 24 de febrero, el mismo día que comienza la Guerra de Independencia. Su artículo

Como su mirada está dominada por el discurso del progreso, focaliza su atención en la ciudad y las máquinas. La ciudad, que para los patricios modernizadores había sido un espacio utópico, el lugar de una sociedad idealmente moderna, de una vida pública informada por la razón (Ramos 1989: 118), es para Castillo el escenario donde discurre el progreso. México, la capital, tiene «un aspecto de modernismo y de cultura que predispone a su favor» (Castillo de González 1913-1918, vol. III: 20) por el trazado perfecto de su perímetro; sus calles rectas, anchas, bien pavimentadas; sus aceras espaciosas; sus casas grandes, ventiladas e iluminadas en todos sus rincones; sus paseos y sus plazas; y las vías y medios de comunicación, que asombran por su número y eficiencia (17-19). Pero también por sus centros de educación y de cultura: la Escuela Normal de Maestras, la Escuela Nacional Preparatoria, el Museo Nacional, la Escuela de Minas, la Academia de Bellas Artes, el gabinete meteorológico del Palacio Nacional, los monumentos de la Reforma (31-39). Le faltan muchos detalles «aún», «todavía», adverbios que se repiten e introducen una magnitud latente que evidencia su certeza de que el progreso es indetenible. Entre estos detalles se encuentran los hoteles, que aunque ya no muestran el estado que exhibían en las primeras décadas del siglo, el cual promovía la queja unánime de los viajeros (Glantz 1982: 41-46), siguen siendo escasos o no del todo completos y confortables. Falta también, en un clima tan frío, el agua caliente; y debe buscarse cómo erradicar el polvo y la basura que afean las calles (Castillo de González 1913-1918, vol. III: 20). Aún más importante que todo lo que ha visto en México, es algo que está en construcción, en proceso: las obras del desagüe, que impedirán las inundaciones, constante flagelo de la ciudad. A visitar las obras del Canal y a hablar de ellas dedica Castillo muchas horas de osados desplazamientos en

---

«Esperemos», que sirve de nota editorial a esta entrega, es uno de los primeros textos feministas cubanos.

chalupas, dragas, trenes y otras máquinas, así como varias páginas de su tercera carta (39-44).

Pero en su descripción de la urbe moderna aparece un elemento inesperado, que siembra la angustia en su ordenado paisaje de la ciudad e introduce en su modelo de progreso un sesgo perturbador. Deambulando por el Zócalo, invadiendo la Iglesia de la Virgen del Carmen, desluciendo con sus harapos «que parecen desechos de mendigos» la fiesta de las flores de San Ángel, «la población india cohíbe, ahoga con su inmensa mayoría a la blanca» (vol. III: 25-27): «Este y no otro es el magno problema de México» (27), concluye Castillo. Y como para él no ha habido otro remedio en la farmacia civilizatoria del progreso que el «mejoramiento», «adelanto» o «blanqueo» de la población nativa mediante el fomento de la inmigración europea y el consecuente mestizaje, la autora, quien ya en su primera carta proponía la inmigración de europeos pobres como solución al poblamiento de un país que desde el tren veía desolado e improductivo, al comprobar en el valle de México que la feracidad del suelo también está pobremente aprovechada, insiste en recomendar el fomento de esta inmigración que de paso podrá producir el recomendado cruzamiento de razas (27), panacea demográfica del positivismo. Mas este no ha sido su único acercamiento al tema indio, que en muchos aspectos la trasciende y que, por alguna razón que no logro identificar, no relaciona con el tema negro, tan acuciante para los cubanos. Cuando en su segundo o tercer día en el país visitó el poblado de Ingenio, con sus pequeñas fábricas, supo igualmente que el darles trabajo a los indios, crearles industrias y educarlos, tal como allí le decían que se había hecho y ella había observado en parte (Castillo de González 1913-1918, vol. III: 10-12), podía «dar movimiento a esta masa inerte» (27). También en su última carta, al narrar el encuentro, junto a la vía del tren que la lleva a los Estados Unidos, de familias completas de otomíes en estado de mendicidad (51-52), manifiesta sus dudas acerca de la presunta indolencia de los indígenas, pues los suelos están bien cultivados y son ellos quienes se dedican a las faenas agrícolas (52). La culpa de que muchos no quieran trabajar o no encuentren trabajo no es de ellos:

> en México el salario de un trabajador es muy corto: treinta, cuarenta o sesenta centavos por día; sin contar con que existe allí una especie de esclavitud para los indios: están adscritos al terruño, como el siervo en tiempos feudales, y aun son azotados y, si huyen, se les reclama por los periódicos a título de *doméstico adeudado*, que siempre encuentra máscaras y eufemismos la perversidad para ocultar sus fealdades. (52)

El libro de Castillo está poblado de máquinas, algunas de las cuales no se nos describen, porque son conocidas, comunes en el paisaje de la última década del siglo. Son los ferrocarriles que recorren el país, trazan una nueva silueta a su geografía y descubren otras dimensiones en la naturaleza. La autora varias veces llama a México el país más hermoso que ha conocido: «No es posible contemplar esta naturaleza mágica sin enamorarse del país» (47). Pero la naturaleza que comparece mayormente en sus páginas es otro escenario del progreso. De este modo, los pasajes estéticamente más audaces de sus cartas son aquellos en los que plasma una visión de la naturaleza desde el paroxismo de la velocidad y el riesgo, desde los escorzos insólitos que proporciona al observador el Ferrocarril Nacional Mexicano, «famoso ya en el mundo» (7), en su trayecto de Veracruz a México (7-8, 12-14) o de México a Toluca (49-50, 51).

También los tranvías la entusiasman, por lo bien que circulan (Castillo de González 1913-1918, vol. III: 19) y lo atrevido de sus rutas (45); pero no por su «novela», por quienes viajan en ellos con sus múltiples sueños o conflictos, con sus vidas por estrenar o ajadas. Los sitios distantes a que se desplaza en los tranvías, las «aldeíllas miserables» de San Ángel y Mixcoac (44) o Amecameca (45-46), son para ella espacios de desconcierto y fuga que la ciudad debe controlar, reducir a su perímetro ordenado; y no las «patas dislocadas

[...], sucias y velludas» de los ayuntamientos (Gutiérrez Nájera 1988: 71), esas zonas excluidas o apartadas de la ciudad que la crónica modernista de Gutiérrez Nájera, Martí y Casal recupera para, desde el Yo del sujeto literario y distanciándose de la «externidad» de las descripciones (Rotker 1992: 133), recrear el espacio colectivo que la modernidad oblitera con su fragmentación. La máquina, emblema de la racionalización, del modo de vida proyectado por los discursos «fuertes» de la modernidad, que por décadas había seducido a los próceres, a los escritores y a los artistas, se convierte en todo lo contrario (Ramos 1989: 157). Ya en 1881 se queja Gutiérrez Nájera de que «la tos asmática de la locomotora, el agrio chirriar de los rieles y el silbato de las fábricas» no permiten tratar los temas habituales de las letras «en el habla sosegada y blanda de los poetas» (Gutiérrez Nájera 1959: 192).

En su «retrato» de Aurelia Castillo de González, Julián del Casal dedica un buen espacio a comentar elogiosamente su primer libro de viajes, *Un paseo por Europa* (1891), y dice de él que «es un libro [...] escrito a la moderna» (Casal 1963: 258). Pero confrontado con las crónicas de viaje de los noventa, *Un paseo por América* (1895) parece desplazarse en otro sentido, hacia los márgenes de la corriente principal, que lleva a las grandes metrópolis o a los espacios «exóticos» del Oriente: sus páginas, obviamente, responden a expectativas distintas. Por ello, mucho de lo que en él se dice no sólo es de actualidad en estos años, sino que se proyecta hacia el futuro. Tal es el caso de sus observaciones sobre la modernización dependiente y desigual que descubre en México, patrocinada por empresas extranjeras, con ingenieros extranjeros (Castillo de González 1913-1918, vol. III: 29-30, 41); o la criminal desidia que causa los accidentes de trenes presenciados por ella, y que podrían conducir a los viajeros a dejar el Ferrocarril Nacional Mexicano y preferir, «aunque les ocasione pérdida de tiempo y mayores gastos», el de Eagle Pass (56). De igual modo, sus observaciones ya comentadas sobre la política laboral y salarial de la época y la esclavitud de los indios (52), son advertencias disparadas hacia otros tiempos.

A veces, en textos como los que acabamos de resumir, la autora parece olvidar quiénes son sus destinatarios y hablar para los mexicanos. En una ocasión, se dirige explícitamente a ellos para darles a conocer los fundamentos en que basa su derecho a criticarles el país: la rigurosa ética de la viajera, asentada en su patriotismo y el plano de igualdad por el que se acerca a la tierra de quienes ha llamado hermanos:

> Han de saber los mexicanos, si algunos de ellos llegaren a leer lo que escribiendo voy, que no atrabiliaria malignidad, sino profundo interés por la suerte de esta [...] gran nación, dicta las censuras que me he permitido hacerles. Tengo por máxima de conducta que la verdad siempre es provechosa, y pues que la he usado sin atenuaciones ningunas cuando a mi propio país me he dirigido, creo haber adquirido el derecho de expresarla con igual lealtad y llaneza cuando de otros pueblos trato. (Castillo de González 1913-1918, vol. III: 25)

Esta identificación y su registro patriótico vuelven a aparecer en otro texto del mismo libro de viajes, escrito en ocasión de la Exposición de Chicago: su reseña de la celebración del día de México. Después de reportar todos sus detalles, mientras se apagan los reflejos de los fuegos artificiales y los ecos de la banda del Octavo Regimiento de Caballería Mexicana, la autora reflexiona en cómo «todas estas cosas que parecen tan infantiles» sirven para avivar el patriotismo aun de los que teniendo una tierra no tienen, sin embargo, una patria, y le agradece a México esta emoción (122-126).

De acuerdo con su tercera carta, los últimos días de su estancia en la capital los dedica la autora a recibir el homenaje de sus compatriotas. Ello, por una parte; la datación de otros textos suyos a los que nos referiremos enseguida; y el misterio en que quedan los siete días transcurridos en silencio para sus lectores, entre la fecha de esa tercera carta y la de su partida en el tren de Laredo, me inducen a imaginar que ella los aprovecha para visitar asiduamente a algunos de los cubanos de México y para hablar con ellos de cosas que no puede publicar en la prensa. Son de entonces los poemas –alguno de elevado tono patriótico– que escribe en los álbumes de las familias de Carlos de Varona y de Nicolás Domínguez Cowan, y que se recogen, fechados en México los días 31 de julio y 2 de agosto de 1893, en el tomo quinto de sus *Escritos* (83-84, 86-87, 88).

Justo un año más tarde, entre fines de julio y principios de agosto de 1894, otro cubano visitará también a Varona y a Domínguez Cowan; y los llamará en carta a quien será el jefe del Ejército Libertador de la Isla, «los dos cubanos de valía [...] y de alguna realidad que hay hoy en México» (Martí 1993: 244). Ese cubano, que es también poeta, escribe en esos mismos álbumes versos que serán mucho más conocidos que los de nuestra autora, pues como dice de él en las páginas de *El Universal*, del 22 de julio de 1894, su amigo Manuel Gutiérrez Nájera, es «un gran artista, un excelso tribuno, un poeta centelleante, un magno espíritu» (Gutiérrez Nájera 1974: 31-36). Pero también se conocerán mejor porque quien se ocupará de ordenar y acomodar esos versos truncos, o dejados por todas partes en prueba de afecto, y de publicarlos en la primera edición de sus *Obras completas*, aparecidas entre 1900 y 1915, es Aurelia Castillo de González, la que como todos los cubanos le debe a él, a José Martí, lo que con tanto afán anduvo buscando por el mundo en sus largos viajes y destierros: la patria.

La Habana, México, La Habana, enero-junio de 1995[15]

---

[15] Versión ampliada de la ponencia presentada al Coloquio Internacional «Manuel Gutiérrez Nájera y la Cultura de su Tiempo», celebrado en marzo de 1995, en la Universidad Nacional Autónoma de México. Publicado en 1996: *Casa de las Américas* 205, octubre-diciembre: 70-79; y en versión ampliada, en Aurelia Castillo de González: *Cartas de México*. Estudio preliminar y notas de Luisa Campuzano. México: Redacta, 1997.

Últimos textos de una dama: crónicas y memorias de Dulce María Loynaz

> Ser modernos es encontrarnos en un entorno que nos promete aventuras, poder, alegría, crecimiento, transformación de nosotros y del mundo y que, al mismo tiempo, amenaza con destruir todo lo que tenemos, todo lo que sabemos, todo lo que somos.
>
> Berman (1991: 1)

> ¿Qué les pasaba a los hombres y mujeres que habían nacido y se habían criado hasta los diez años, supongamos, hasta los quince, en una ciudad [...], y que cuando tenían treinta años, esa ciudad era totalmente diferente?
>
> Sarlo (1990: 162)

> De nuevo permanezco detenida ante el papel en blanco, muro blanco de cal... Entre el muro y mis ojos –que poco a poco se me nublan– está el tiempo, que es todo lo que puedo contemplar. Y lo contemplo avaramente, con la avidez angustiosa de quien contempla un tesoro próximo a consumirse.
>
> Loynaz (1994: 82)

La sensación de disolución que promueve la modernidad –cuyos efectos destructivos ya constituían uno de los ejes temáticos de su novela *Jardín* (1928-1935; 1951)– es la que informa y trasmite el postrer poema escrito por Dulce María Loynaz, «Últimos días de una casa», en el cual una vieja mansión «toma la palabra» y, entre recuerdos del pasado feliz, de los rituales de la familia, de los juegos de los niños, de cantos y de risas, va refiriendo el progresivo abandono y, finalmente, la destrucción a la que la someten sus viejos moradores, «Cuya codicia pudo más / que la necesidad de retenerme [...], porque llegué a valer tanto en sus cuentas, / que no valía nada en su ternura...» (Loynaz 1984: 134).

En 1958, fecha en que escribe y publica *Últimos días de una casa*, Dulce María Loynaz también finaliza y da a la imprenta *Un verano en Tenerife*, libro iniciado en 1952, y más que de viajes, de recuperación, a la manera horaciana del épodo XVI, de ese vivir fuera del tiempo, esa Arcadia premoderna que todavía ofrecían al visitante las que los antiguos llamaron Islas Afortunadas.

Contemporáneamente, entre 1954 y 1955, redacta dos series de crónicas para dos periódicos habaneros de circulación nacional: *El País* y *Excélsior*. Durante cincuenta y dos sábados se publican en el primero las «Crónicas de Ayer», y por cincuenta y cuatro domingos, en el segundo, las tituladas «Entre dos Primaveras»[1]. Todas aparecen en cursiva y ocupan casi cuatro columnas –media plana–, incluyendo las ilustraciones. Ambas series se insertan en las páginas destinadas por esos diarios a la crónica social, las que estaban a cargo de Pablo Alvarez de Cañas (Santa Cruz de Tenerife, 1893-La Habana, 1974), su segundo esposo.

Entre estos cuatro textos –las dos series de crónicas, el singular libro de viajes y el largo poema– se establece un juego de espejos en que se reflejan los efectos promovidos por los «desencuentros de la modernidad» en el país de la América Latina que en la década de los cincuenta más aceleradamente había experimentado la modernización en todos los niveles de la vida. A partir de entonces, y como

---

[1] Las «Crónicas de Ayer» (Loynaz 1954-1955a) aparecieron en *El País*, entre el 16 de octubre de 1954 y el 15 de octubre de 1955. Y las recogidas bajo el título de «Entre dos Primaveras» (Loynaz 1954-1955b) en *Excélsior*, del 17 de octubre de 1954 al 23 de octubre de 1955.

consecuencia de estas indagaciones de signo distinto en torno a un mundo que «se desvanece en el aire», la obra literaria de Dulce María Loynaz toma nuevos e inesperados derroteros.

Las crónicas

Un acercamiento de conjunto a las dos series del 54-55, «Crónicas de Ayer» y «Entre dos Primaveras», descubre en ellas la articulación de un ambicioso proyecto de intervención en el trazado de los modelos de representación de la sociedad habanera, ante la cual Dulce María Loynaz está especialmente facultada para presentarse como consejera, puesto que no sólo la legitima su pertenencia a una de las familias más ilustres, más permanentemente venerables del país, sino también su condición de escritora y de esposa del cronista de ambos diarios.

Una lectura más atenta advierte cómo este proyecto se desdobla: una serie, las «Crónicas de Ayer», con textos algo más extensos –hay menos ilustraciones, por lo regular sólo una por crónica– es de interés general: es el ayer que el tiempo –*pulvis es...*– ha democratizado, el ayer de todos: las instituciones, las costumbres, las personalidades, los lugares que han entrado definitivamente en el pasado. La otra serie, «Entre dos Primaveras», con dos fotografías siempre, se dirige, si no explícita, por lo menos intencionalmente a las mujeres, ya que trata de mujeres, de dos mujeres vivas: una abuela y su nieta; dos mujeres, además, de la alta sociedad habanera, con profundas raíces en ella.

Esta división en dos de un proyecto que a primera vista podría considerarse general –intervenir en la formulación de los modelos de representación de la élite cubana–, no puede explicarse sólo por el hecho de que ambas series se publicaran en periódicos diferentes, pues estos eran propiedad de una sola empresa –la autora habría podido publicar una sola serie, las «Crónicas de Ayer», en ambos diarios, del mismo modo que su marido publicaba sus crónicas sociales en los dos–, sino a la finalidad particular de «Entre dos Primaveras», que sin dudas obedece a un designio específico de Loynaz en relación con las mujeres, tanto con las que son protagonistas y a la vez destinatarias explícitas de estas crónicas –la abuela y la nieta seleccionadas en cada ocasión–, como con sus demás lectoras.

Llama la atención, de entrada, el que eligiera un esquema composicional tan apretado para «Entre dos Primaveras». Si su compromiso con los editores era por un año, resultaba demasiado riesgoso, puesto que significaba encontrar cincuenta y dos abuelas y nietas dignas de ocupar estas páginas. La osadía de atarse a este «pie forzado» se explica, sin embargo, cuando descubrimos el espacio que la autora reserva para sí y la función que se atribuye. Colocadas la abuela en el pasado y la nieta en el futuro, la generación intermedia, el presente, queda abolido: se borra. El espacio resultante se convertirá en el sitio de enunciación de la autora, quien se autopropone como puente, como *tra(ns)ductora*, entre el pasado y el futuro. El futuro, como tal, apenas comparece: una fotografía, un nombre, algunos escasísimos datos. De hecho, el futuro, la nieta, no es dentro del texto más que el motivo para producir la reactivación del pasado, la abuela. Pero fuera del texto, en la sociedad, la nieta es la destinataria explícita del mensaje que vehicula la crónica y de los votos de la Cronista, así como la ejecutora potencial de su proyecto. El pasado, la abuela, recibe en el texto una atención mucho mayor: por una parte, una fotografía de «su primavera» y, tal vez, fragmentos de crónicas antiguas, alguna carta, una partitura o un poema que le fueran dedicados; y por otra, recuerdos personales de la Cronista y, sobre todo, sus reflexiones ingeniosas, a veces insólitas, inesperadas, sobre alguna virtud, algún mérito, alguna costumbre no muy apreciados en el presente, pero que fueron elementos constitutivos de un estilo de vida que no quiere que desaparezca.

De este modo se va construyendo una «Galería de mujeres útiles», como aquella *Galería de hombres útiles* de la que Antonio Bachiller y Morales (1812-1889) excluyó absolutamente a las mujeres, no sólo como biografiadas, sino también como personajes referidos –madres, esposas, hijas (Lugo-Ortiz 1990: 32-35)–. Pero mientras que la de Bachiller es una «galería», una colección de retratos, la de Dulce María Loynaz es un «salón de espejos». Todos los biografiados de Bachiller están muertos, ésta es una condición *sine qua non* para integrar su serie. Las abuelas de Loynaz tienen que estar vivas[2], porque deben actuar, inter-actuar con sus nietas: «hasta para ordenar nuestros cabellos necesitamos un espejo, ¿quién va a ordenar memorias sin memoria, sin renuevo de alma, sin espejo?» (1954-1955b: 30/1/55).

Frente a una sociedad que anteponía «sus cuentas» a «su ternura», Dulce María Loynaz se propuso constituirse en una especie de conciencia crítica que no por actuar lateralmente –desde «las columnas satinadas» de la crónica social–, tuviera que resultar ineficaz ni débil. Borrar el presente puede ser un gesto muy osado, porque quiere decir anular todo lo que él significa. Su traducción en términos históricos es bien precisa: Cuba bajo la dictadura de Batista, el país entregado a la mayor ofensiva inversionista y cultural norteamericana, la ciudad dislocada por el *boom* constructivo, los valores asentados en las tradiciones que fundaron la nación totalmente desplazados por los nuevos valores impuestos por los nuevos ricos.

En cuanto a su elección de la mujer –y de la mujer de élite– como destinataria de estas crónicas, habría que recordar que en Cuba se desarrolló un importantísimo movimiento feminista en los años veinte y treinta, en el cual tuvieron gran participación las mujeres de las clases privilegiadas (véase Stoner 1991); movimiento que culminó

---

[2] La muerte de una de las abuelas seleccionadas para integrar la serie obligó a la autora a dedicar el espacio de la semana a consignar brevemente lo sucedido, pero no hubo crónica (Loynaz 1954-1955b: 2/1/55). En otras dos ocasiones se rompe el esquema. En una debe introducir a una «abuela» sin hijos ni nietos (18/7/55); en otra no presenta dos mujeres, sino cuatro: bisabuela, abuela, hija y nieta (16/10/55).

con el Tercer congreso nacional de mujeres, en 1939, y con la aprobación de la Constitución de 1940, en la cual se recogía la mayor parte de sus demandas. Sin embargo, en los años cuarenta el feminismo prácticamente desaparece en Cuba, tanto como consecuencia de la constatación del carácter meramente formal de las conquistas legales alcanzadas, como también por las tareas concretas que la guerra mundial y la diáspora española pusieron en manos de las mujeres de izquierda, o por el encauzamiento de algunos proyectos de las asociaciones femeninas a través de las nuevas escuelas e instituciones de asistencia social. En los años cincuenta el movimiento femenino cubano se verá compelido a dejar a un lado sus reclamos específicos para dedicarse casi por completo a la lucha política provocada por el golpe de estado de Batista.

Este vacío de acción feminista es el que va a ocupar Dulce María Loynaz con un proyecto que si bien no roza «ni con el pétalo de una flor» la institución patriarcal, y mantiene los roles sexuales tradicionales y el registro de imágenes atribuidas a la condición femenina, coloca sin embargo a la mujer en el eje de un discurso que se descubre, en última instancia, nacionalista y patriótico, lo que implica una transgresión del canon tradicional, ya que este tipo de discurso o cualquier otra intervención intelectual en la esfera pública fue antes, era entonces y, en buena medida, sigue siéndolo, de la exclusiva incumbencia de los varones.

La matriz composicional de las «Crónicas de Ayer» es totalmente libre, salvo por el hecho de que su núcleo, su punto de arranque, debe ser una vieja crónica social. Esto lo aclara la autora desde su primera entrega. Pero en vez de entrar en materia de inmediato, de ofrecer un «botón de muestra», como lo hizo en «Entre dos Primaveras», dedica toda su primera página a darnos la historia nacional del género y su poética, y aún más, un perfil profesional, psicológico y moral del cronista social. Este gesto legitimador que toca fondo en la historia de la cultura cubana es un reclamo de rigor, de seriedad, para la tarea que va a emprender[3]. El interés de los temas y la abundancia de las fuentes determinan en buena medida la cantidad de crónicas que se dedican a cada asunto. Pero en esto tiene mucho que ver también la intervención de la autora, de modo que a veces podemos preguntarnos si lo que escribe son marcos, cornisas para las crónicas antiguas que reporta o si, por lo contrario, éstas son incrustaciones, ilustraciones, en su propio discurso memorialista.

Así, en alguna ocasión puede pasar revista a veinte crónicas para sólo seleccionar una que tratará en su próxima entrega; y en otra, convertir una crónica de antaño en tres, a las que luego seguirán cinco más, porque, por una parte, Dulce María Loynaz se regodea en la presentación y en los amplios e imaginativos comentarios con que siempre las acompaña; y por otra, los temas, vistos desde una perspectiva de más de medio siglo, se mezclan, se entrelazan, poniendo en contacto historias que en su momento parecieron ajenas. La crónica de Raúl Cay, por ejemplo, sobre un baile de disfraces celebrado en febrero de 1890 en la mansión de los Pérez de la Riva-Conill, posiblemente *contaminada* –en el sentido filológico del término– con las crónicas que Julián del Casal dedica a ese acontecimiento del gran mundo habanero y a la exhibición, mes y medio después, de las fotografías de las damas que a él asistieron, ataviadas con los disfraces que entonces estrenaron, le da para tres crónicas llenas de nostalgia y fabulación; las que conducen a otras dos, porque en esa misma casa se efectúan, cuatro años más tarde y con la participación de muchas de las jóvenes que concurrieron al gran baile, los escrutinios

---

[3] La poética del género y la personalidad del cronista constituyen un frecuente tema en estas páginas, lo que apunta hacia esa obsesión por legitimar la figura del cronista, tan presente en *Fe de vida*. En relación con esto, Dulce María Loynaz dejó claro cuál había sido una de las motivaciones fundamentales de sus crónicas: «Cedí y hasta me animé por espacio de un año a escribir unas crónicas retrospectivas, que puestas al margen de su sección [la de su marido, el cronista] tenían el propósito ciertamente innecesario de hacerla más atractiva» (Simón 1991: 52).

de un concurso de belleza organizado por *El Fígaro*; pero como la elegida, hija de los Condes de Fernandina, se casa al poco tiempo, a sus regias bodas, reseñadas por su admirado Enrique Fontanills, les dedica tres crónicas más.

El inventario temático de las crónicas, con ser muy variado, se reduce, como decíamos al principio, a la reseña de visitas de personalidades –el príncipe Alexis de Rusia, la infanta Eulalia–, de eventos, de lugares, instituciones, costumbres. El inventario de recursos expresivos, de medios de representación puestos en juego por la autora, resulta prácticamente inabarcable: para cada crónica, y esto es en buena medida también aplicable a «Entre dos Primaveras», hay una forma distinta. Pero ahí termina toda semejanza, porque mientras éstas se escriben desde el presente, aquellas se escriben *sobre* el pasado. Así, en «Entre dos Primaveras» habrá diálogos entre la Cronista y su esposo, o cartas, o visitas. Sus amigas le propondrán temas, le sugerirán nombres, intervendrán, se filtrarán en ellas. En «Crónicas de Ayer», pese a lo que el título podría sugerir, no encontraremos costumbrismo, ni pastiches, sino una forma sutil de palimpsesto. Porque el texto antiguo no es raspado ni borrado para escribir sobre él, sino traído de nuevo a la superficie con «un pañuelo de seda para apartar un poco el polvo de los años, del olvido» (Loynaz 1954-1955a: 22/1/55). Este accionar del pañuelo, al tiempo que selecciona, acaricia. Hay zonas que quedan oscuras, fragmentos de crónicas que el polvo puede seguir cubriendo. Pero hay otras, en ocasiones crónicas completas, que merecen el mayor pulimento. Entonces todas las galas del estilo de Dulce María Loynaz, su talento para recrear atmósferas, para introducirse en sus personajes, reencuentra el espacio común de su memoria y de su fantasía: «Cuando yo no tenía recuerdos –ha dicho–, los inventaba» (16/10/54).

Enclaustrada durante casi toda su infancia y adolescencia en la cárcel feliz de su casa, su jardín y su playa, las fotografías de familia y amistades, los recortes de prensa, las colecciones de *El Fígaro* y

La Habana Elegante habían sido para ella –como para Bárbara, la protagonista de *Jardín*– el mundo por donde viajaba su imaginación: la infanta Eulalia que se mueve en sus páginas entre tanto ajetreo de ceremonias y tanta calidez de cortesía; el Julián del Casal *voyeur*, extasiado ante María Cay que se mira al espejo vestida de japonesa –«la dama de sus ensueños vestida al modo del país de sus ensueños» (Loynaz 1954-1955a: 13/11/54)–, todo lo que fabula, lo que novela en sus crónicas ¿lo habría novelado, lo habría fabulado ya la niña, la adolescente que sostenía sobre sus rodillas los grandes álbumes? Las lecturas, la imaginación y la memoria se funden, siempre de modo distinto, en sus «Crónicas de Ayer», en las que, pese a lo emocionalmente comprometida que está la autora con sus temas, cierto distanciamiento, una perspectiva que no es del momento de la escritura, que también viene de antes, organiza la temporalidad, establece la causalidad. De este modo se historia la tragedia de una familia, de una sociedad, al recordarse la inauguración de una nueva casa; o se van apuntando los estragos, apenas perceptibles, cuidadosamente justificados, de la modernización que poco a poco acelera su paso. Del trencito que llevaba de la estación de Concha a la de Marianao a una hora en que el viento soplaba en la dirección conveniente para que el humo no manchara las blancas gasas de las muchachas, a la destrucción de los hermosos barrios que le habían crecido a la ciudad con sus quintas y sus jardines, se va anotando con rigor y dolor todo el deterioro inevitable de un mundo hermoso que se venía abajo.

A medida que avanza la redacción de las crónicas es posible observar cómo la nostalgia y el pasatismo que podían ser un subtexto inscrito en este proyecto de formulación de modelos de autoconocimiento para la sociedad habanera, van siendo remplazados por el dolor y la indignación, con tránsitos frecuentes a la ironía. A veces se perciben en ellas signos de desilusión, de cansancio, pero ese impulso culturalista que sostiene a la autora en conflicto con la creciente incuria, con el desarraigo de quienes la rodean, le permite llegar al final, un final que más que nada es un reto, puesto que lo que ofrece como despedida a sus lectores –«como yo no sé escribir sin traspasar un poco de mi sangre» (1954-1955b: 23/10/55)– es el retrato de su madre, en «Entre dos Primaveras», y la lección de los libertadores, entre los que estuvo su padre, en «Crónicas de Ayer». «Algunas veces la generación [...] que todavía estudió Historia, saluda a los [veteranos] que quedan con palabras gentiles, y los llevan como reliquias a sus fiestas» (Loynaz 1954-1955a: 15/10/55), dice con amargura en su despedida, y tras preguntarse si no hubiera sido mejor para ellos haber muerto en la guerra, se responde con un programa de vida que es el suyo: «Morir no es cosa fácil, pero reconozcamos que la vida es también un trabajo de valientes» (15/10/55).

Las memorias

Decíamos al principio que el juego de espejos que se establece entre estas crónicas y otros textos escritos en la misma época lleva a la autora a explorar nuevos caminos. Estos son los del rescate factual, por las vías de la memoria, pero también de la historia –aquella Historia que ya no se estudiaba– de un pasado que no está dispuesta a aceptar que desaparezca del todo, ahora que, por otra parte, el ciclón de la Revolución triunfante podría terminar con lo poco que de él ha quedado en pie. Algunos son textos inéditos o inconclusos de los que se conocen fragmentos leídos por ella en público, o que, como parte de la leyenda de los Loynaz, son motivo de fantasías y elucubraciones. Todos se vinculan de algún modo a la persona de Dulce María, de suerte tal que vienen a ser algo así como sus «memorias», fragmentadas en los distintos vasos en que se han recogido.

«Criatura de isla», como se ha llamado a sí misma en más de una ocasión, al igual que una isla, Loynaz se define por lo que la rodea, por lo que la conforma, por el mar de recuerdos que traza y baña simultáneamente sus bordes. Por eso, aunque en toda su obra hay tal carga autobiográfica que llega a influir en la lectura de sus textos, es una escritora de memorias y no de autobiografía, pues en ella es mayor el interés por el mundo exterior, con sus gentes y sus hechos, que por la narración de su hacerse, de su propia realización personal. Cuando interviene en las crónicas con sus recuerdos, cuando se pone por escrito, para ella contarse equivale a otorgar veracidad emocional al pasado que rememora. La niña que ejecuta sus primeros «juegos de agua» en los baños de Carneado, o la que oye estremecida y oculta entre los pliegues de una cortina los versos de «La más fermosa» recitados por su autor, Enrique Hernández Miyares, comparece ante el lector no como autoridad, sino como testigo generoso que quiere salir de fiador de la Cronista con su vida.

En orden de concepción, el primero de estos libros es la *Historia de El Vedado* que hace más de treinta años comenzara a pensar y a escribir, y que la pérdida ahora casi total de la visión le ha impedido terminar, pero que en cierta medida se filtra en algunos de sus textos más recientes. Descendiente por línea materna de los propietarios de la finca «La Campana», que cubría gran parte de esta extensa zona de la ciudad –flanqueada por el mar, al norte; unas suaves colinas, al sur; y el Almendares, «este río de nombre musical», al oeste–, donde ha vivido por cerca de ochenta años, Dulce María Loynaz no sólo ha tenido la aventura personal, sino también la documentación –y hasta la experiencia legal, como abogada encargada de los asuntos familiares– del desarrollo de este barrio al que dedicó amplio espacio en sus crónicas y en el cual está sembrada su novela *Jardín* y se desarrolla gran parte de lo narrado en *Fe de vida*.

El segundo en este orden es un libro armado, cosido por ella, pero no suyo. Son las voluminosas e inconclusas *Memorias de la guerra* del General Enrique Loynaz del Castillo (Loynaz del Castillo 1989), las que a su muerte, en 1963, llegaron a manos de su hija. Con estos miles de páginas desordenadas, reiterativas a veces, en otras ocasiones fragmentarias, bregó a ratos por cerca de dos décadas, en las cuales copió, anotó, organizó el material y lo cotejó con posibles fuentes secundarias, pues el General, deseoso de dar en su totalidad la historia de la contienda, había escrito también acerca de episodios en los que no había participado. Conocedora profunda de la historia de su país, y, como lo atestiguan sus crónicas, poseedora de un riguroso sentido de su destino, para el «zurcido» y «remiendo» de las *Memorias* de su padre Dulce María Loynaz debió revisar prácticamente toda la bibliografía de la guerra del 95, de la que salió con un renovado patriotismo que se expresa en la breve «Síntesis biográfica» del General (Loynaz del Castillo 1989: 511-513), en la que reciben el mayor énfasis sus méritos morales en la paz: «no aceptó ningún cargo durante la Intervención norteamericana, pese a que había quedado, por la muerte de su padre, al frente de una familia numerosa y arruinada por tres guerras»; «al efectuarse las elecciones que daban por reelecto al Presidente Estrada Palma, considerándolas fraudulentas, renunció a su escaño en la Cámara para levantarse en armas contra el Gobierno»; «murió [...] en su modesto retiro».

Fe de vida es el título de un libro escrito en 1978 y destinado por su autora a publicarse póstumamente o, como prometiera a Aldo Martínez Malo, a ver la luz cuando cumpliera noventa años. Por ello apareció en 1994, con una «Nota necesaria» fechada en 1993, en la que Loynaz explica tanto lo que acabamos de referir como el estado de ánimo en que lo escribió, y cómo este fue cambiando «con la acogida que los lectores han dado a [sus] libros al publicarse por primera vez en nuestro país, y también [sus] demostraciones de respeto y cariño», al extremo de hacerle «modificar ciertos pasajes del libro, que fueron escritos cuando aún no había sentido la emoción de percibir el testimonio de interés y aprecio de los lectores cubanos» (Loynaz 1994: 7). Sin embargo, dedicado a trazar la biografía de su esposo, Pablo Álvarez de Cañas, quien se exiliara inmediatamente después del triunfo revolucionario y sólo regresara a Cuba a morir en 1974; y en la medida en que constituye la historia de una pareja que tarda más de veinte años en unirse a causa de los prejuicios de la familia materna de la «novia», intencional y exclusivamente autobiográfico en su segunda mitad, este texto, amargo y ríspido en muchas de sus páginas, es a la vez que el más amplio recuento personal de Dulce María Loynaz en su etapa de formación y primera madurez, con todo lo que ello puede significar, un conmovedor testimonio de los desgarramientos, incertidumbres y angustias que un proceso tan radical como el cubano provocara en esta singular representante de la alta burguesía habanera.

Tras la muerte de sus hermanos Enrique –en 1966– y Carlos Manuel –en 1977–, Dulce María Loynaz va siendo absorbida cada vez más por el inventario y los recuerdos de los hechos de su familia, y en 1984 da a conocer un intenso trabajo biográfico sobre el primero de ellos, basado en las vivencias de una sensibilidad común, de una existencia tan compartida, que en la infancia llegó a ser prácticamente complementaria de la suya propia. Concebido con el propósito de contribuir a la publicación de la obra de quien podía llamar entonces «un poeta desconocido», este trabajo –«la tarea más ardua de mi vida de escritora» (Loynaz 1992: 31)– logró su objetivo, puesto que la poesía de Enrique y la de sus otros hermanos –Carlos Manuel y Flor, fallecida en 1986– ya se ha editado y reditado ante el interés del público.

Los misteriosos mecanismos de la recepción, no siempre sujetos a la manipulación de las editoriales, activaron, tanto en la autora como en sus lectores, la pasión por conocer más acerca de la familia Loynaz. En torno a los años noventa, y con distinto motivo, Dulce María ha debido hablar de sí y de sus hermanos para cineastas, periodistas y estudiosos, de modo tal que sus «confesiones» han comenzado a ocupar un notable espacio en su bibliografía, a la que igualmente ha habido que sumar una pequeña colección de documentales y videos. Los más representativos de estos textos son el *collage* de entrevistas que con el título de «Conversación con Dulce María Loynaz» publicó

Pedro Simón al frente de su *Valoración múltiple* (Simón 1991: 31-66) y que da cuenta en particular de su vida intelectual; el libro-entrevista *La hija del General* (1991), de Vicente González Castro, larga «biografía» de la Loynaz construida con gran participación suya y apoyo en textos conocidos o —entonces— inéditos; y el documental *Una mujer que ya no existe*, del propio autor y de 1987, con el que Dulce María se reincorporó, desde la pantalla de los televisores, a la vida cubana, con una fuerza y un alcance imposibles de predecir.

Es en el contexto anterior que la autora lee en 1990, en el Gran Teatro de La Habana, la primera parte de un libro sobre la infancia, adolescencia y juventud de los Loynaz, titulada «Memorias de una casa: su ámbito y su época». En las palabras con que introduce su lectura, Dulce María va a utilizar una metáfora similar a la empleada cuando contaba lo que había tenido que hacer con los papeles de su padre —«zurcir y remendar»—, para caracterizar el lenguaje que emplea en este nuevo texto: «es un trabajo hecho como una comida casera: no hay nada de especialidad […] ni de imágenes bellas, no hay nada de lo que hay en *Jardín*»[4]. Y en efecto, no hay ninguna suntuosidad en las palabras, ningún lujo, sino tan sólo la fragancia de los recuerdos, la vida poco común, pero cotidiana, de unos niños que transitan entre la casa de sus padres y la de sus abuelos a través de las ligeras puertas que las comunican, que vislumbran o fantasean el mundo gracias a la imaginación de alguna amiguita aventurera, los diarios y revistas siempre a su alcance o un paseo excepcional. Comparece el viejo corneta a tocar diana bajo la ventana del General el día de su santo, se leen las noticias de la mañana, llega a jugar José Manuel Lara —a quien conocemos de «Entre dos Primaveras»—, vuelve a hundirse el «Titanic», esta vez en la sala de los abuelos, y Rosa —la inefable Rosa de las «Crónicas de Ayer»— trae de la vecina casa del cónsul de China un cofrecillo de sándalo, un abanico de plumas de pavo real y, sobre

---

[4] Tomado de la grabación de la lectura. Texto inédito.

todo, la perspectiva de un compromiso matrimonial para ella y para Dulce María con dos de los príncipes imperiales...

Así, la escritora que con *Jardín* había entregado uno de los textos más significativos de la vanguardia y, en particular, de esa literatura femenina cosmopolita que, lejos de mostrarse entusiasmada con la vida urbana moderna, «tendía a pintar[la ...] como una fuente de prisión, miedo o desesperación» (Pratt 1990: 57-58); que con *Los caminos humildes* parece haber intentado lo que pocas mujeres de su tiempo: llevar a una novela los conflictos que la modernización trae a los campos[5]; dedicada desde los sesenta «a un menester que fuera en otro tiempo tradicionalmente femenino» (Loynaz 1989: 2), zurciendo y remendando sus recuerdos, aderezándolos como una comida casera, va y nos arrastra al encuentro de la identidad propia y de todos, con un discurso memorialista que no aspira, como en el caso de Marguerite Yourcenar, a remontar, con la ayuda de archivos y genealogías y por los caminos de la microhistoria, todos los ríos de su sangre; ni, como en el caso de Victoria Ocampo, a entregarnos las angustias y los éxitos de su difícil camino de realización[6].

Porque estas crónicas y «memorias», nutridas de recuerdos personales atrapados en una malla intertextual de muy compleja urdimbre, en la que las fotografías, como en Proust (Adams 1985: 7-18), o en los escritos autobiográficos de Marguerite Duras (Mourao 1992: 247-257), tienen una importancia capital, y en la que la crónica modernista que les sirve de fuente y también de forma, con su heterogeneidad, con su «mezcla y choque de discursos» (Ramos 1989:

---

[5] Según le refirió la autora a Pedro Simón, quien tuvo la gentileza de contármelo, esta novela, cuyo manuscrito fue destruido por ella, trataba de las expectativas de los campesinos ante la construcción de la Carretera Central a fines de los años veinte.

[6] Quizás algo de esto último, su imagen de escritora, de *salonnière*, aparezca cuando se publiquen sus cartas, el nutrido epistolario en cuya organización trabajó hasta hace poco con Pedro Simón.

12-13), le ofrece a su autora, como a los escritores de fines del XIX, la posibilidad de apelar a un vasto auditorio (Rotker 1992: 13-27); esta literatura, pues, presuntamente ligera y personal se hizo patriótica, en la medida en que con la recuperación del espacio privado de los recuerdos como espacio público de fundación, de constitución de un modo de vida, Dulce María Loynaz, barajando los naipes de atracción y rechazo, de memoria y olvido con que se levanta el castillo siempre en construcción de la identidad nacional, aportó a nuestro perfil aquellos rasgos del gran mundo habanero de fines del siglo XIX y la primera mitad del XX sin los cuales resultaría incompleto y falso.

En una de sus «Crónicas de Ayer» la autora describía para sus lectores una fiesta familiar, y al narrar su experiencia infantil, parece entregársenos por completo en la develación de sus más altos ideales, de sus cuantiosos sacrificios:

> Por la mañana del gran día mandaban [...] los altos túmulos de yemas, dátiles y pionos servidos en esbeltas salvillas de cristal; el túmulo oloroso, dorado, almibarado, tentador, solía rematarse con un angelito de merengue o una miniatura de la bandera cubana.
>
> Y ¡oh, romanticismo mío, desde entonces superior a toda tentación!... Yo solía cambiar al niño al que le tocaba aquel adorno, mi ración de dulces por su tesoro, y así fui dueña muchas veces de banderas preciosas y de ángeles diminutos que tenía que defender al día siguiente de la invasión de las hormigas... (Loynaz 1954-1955a: 26/3/55)

La Habana, 1993[7]

---

[7] Publicado también en 1995: *Casa de las Américas* 201, octubre-diciembre: 46-53, y en Montero, Susana & Capote, Zaida (eds.) (1999): *Con el lente oblicuo. Aproximaciones cubanas a los estudios de género*. La Habana: Instituto de Literatura y Lingüística / Editorial de la Mujer, 77-89.

José Martí en la poesía de Fina García Marruz
(donde también se habla de Marilyn Bobes)

> La poesía de uno nace de la poesía de otro.
>
> Baquílides (Frag. 5 Snell)

> ¿Quién no es el destinatario
> a quien escribieron desde la nieve de Nueva York [...]?
>
> Fina García Marruz (*Visitaciones*, 230)

Desde el primero de sus críticos, José María Chacón y Calvo, hasta el más joven y especializado de sus estudiosos, Jorge Luis Arcos (véase Arcos 1990: 85-87, 92-93, 96), se ha señalado la intensa presencia de José Martí en la poesía de Fina García Marruz, única mujer del Grupo Orígenes[1]. Pero, exceptuando las lúcidas páginas dedicadas por Arcos al análisis del fundamento martiano de su pensamiento poético, puede decirse que no ha merecido ningún estudio particular la huella de Martí en la poesía de la autora, reconocida como una de las más altas representantes de la literatura cubana y, al mismo tiempo, como una de las mayores autoridades en la obra total del héroe de la independencia de la Isla.

Por ello, motivada por la conmemoración del cincuentenario de *Orígenes*, y en cierta medida instigada por el libro de Ottmar Ette

---

[1] Fina García Marruz ha llamado en alguna ocasión a Cleva Solís (1926-1998) la otra mujer de *Orígenes*. De igual modo debe recordarse la cercanía a esta revista, y su influencia sobre el grupo, de una tercera mujer: la española María Zambrano.

sobre la recepción de Martí (Ette 1995: 149-151), me propongo, como homenaje simultáneo a la celebración del medio siglo de esta revista y del siglo del último viaje de Martí a México, intentar un acercamiento un tanto más detenido a la presencia de Martí en la poesía de García Marruz, la cual se manifiesta en los más diversos registros, asume distintas funciones y orquesta un intencional juego intertextual y dialógico al que concurren, junto con Martí, voces y ecos de otros autores. Con esto no aspiro a más que reiterar, trayendo a este escenario mi pobre espejo –¡viva la ninfa Eco, décima musa de la intertextualidad!–, el gesto memorable de la autora cuando reseñó en verso su primer viaje a este entrañable país bajo el influjo mucho más que literario del Apóstol.

Orígenes, el más importante núcleo de creación literaria y de irradiación cultural de mediados del siglo XX cubano, constituido en torno a la revista homónima, que se publicara entre 1944 y 1956, fue, como dice Ette, el primer grupo en defender una mayor independencia de lo literario con respecto a la práctica social inmediata. Pero esto no significaba, en lo absoluto, renunciar a una preocupación política que fuera más allá de lo cotidiano, sino todo lo contrario. Por ello su referente explícito era Martí, guía para lo que en algunas de sus principales figuras será la exploración de la expresión americana –recordemos el libro homónimo de José Lezama Lima– o de lo cubano –recordemos el grueso volumen *Lo cubano en la poesía*, de Cintio Vitier.

Suele citarse en este sentido la introducción de Lezama, maestro del grupo y codirector de la revista, al número que en 1953 *Orígenes* dedica al centenario del nacimiento de Martí: «Sorprende en su primera secularidad la viviente fertilidad de su fuerza como impulsión histórica, capaz de saltar las insuficiencias toscas de lo inmediato, para avizorarnos las cúpulas de los nuevos actos nacientes» (Lezama Lima 1953: 4). Pero, en verdad, ya un año antes García Marruz había publicado su seminal ensayo sobre Martí en la revista *Lyceum* de La Habana. En sus primeras líneas se leen palabras mucho más elocuentes que cualquier explicación que intentemos hallar a la presencia de Martí tanto en la obra lírica de su autora como de todo el grupo, especialmente durante aquellos años de incuria nacional en que *Orígenes* se proponía compensar con la cultura la frustración de la vida política. La importancia de las líneas que reproducimos a continuación justifica la extensión de la cita porque en ellas se exponen con gran énfasis, desde la pluralidad de un «nos» más inclusivo que retórico, pero también desde una sensibilidad y una experiencia que se adelgazan a lo personal del entrever y del misterio, las razones y los matices de esta relación del grupo y de la autora con Martí:

> Desde niños [José Martí] nos envuelve, nos rodea, no en la tristeza del homenaje oficial, en la cita del político frío, o en el tributo inevitable del articulista de turno, sino en cada momento en que hemos podido entrever en su oscura y fragmentaria ráfaga, el misterioso cuerpo de la patria o de nuestra propia alma. Él solo es nuestra entera sustancia nacional y universal. Y allí donde en la medida de nuestras fuerzas participemos de ella, tendremos que encontrarnos con aquel que la realizó plenamente, y que en la abundancia de su corazón y el sacrificio de su vida dio con la naturalidad virginal del hombre. (García Marruz 1952: 5)

Considerando que, como se ha dicho, este trabajo está animado por el interés más amplio de contribuir a valorar la importancia que otorgó el Grupo Orígenes a Martí, me ceñiré fundamentalmente al primer libro de García Marruz, *Las miradas perdidas*, publicado en 1951, el cual reúne su producción lírica de 1944 a 1950; pero como la autora no volvió a publicar un libro de poesía hasta 1970, cuando apareció *Visitaciones*, y en él se incluyen textos escritos entre 1951 y su fecha de edición, también utilizaré algunos poemas de este libro, particularmente de los años cincuenta, aunque no renunciaré a otros de este mismo libro escritos con posterioridad. Por similares razones he intentado prescindir conscientemente, pero me imagino que sin mucho éxito, de las sustantivas contribuciones de García Marruz al estudio de Martí publicadas a partir de los sesenta. No considero inútil dejar constancia de que estas restricciones no sólo obedecen a criterios cronológicos, sino al hecho irrebatible de que, como lo ha advertido Arcos, «si fuésemos a profundizar en las fecundaciones y correspondencias del pensamiento de José Martí con el de Fina García Marruz, tendríamos que abordar, prácticamente, todas o casi todas las facetas del pensamiento de la autora» (Arcos 1990: 128).

Por otra parte debo precisar que, sin desconocer ni subestimar el alcance y la variedad de las concepciones y propuestas críticas en relación con la intertextualidad, cuando hablo de ella lo hago teniendo en cuenta la acepción restringida con la que este término se emplea en los estudios literarios: es decir, aquella que refiere las relaciones conscientes, intencionadas y por lo regular marcadas, de un texto literario (hipertexto) con uno o más textos individuales, anteriores o contemporáneos (hipotexto/s). También debo indicar que en este trabajo he adoptado los criterios desarrollados por Manfred Pfister para el estudio de la intensidad de la remisión intertextual, con pequeñas adecuaciones terminológicas y vías de análisis para aspectos específicos tomadas de otros autores (Pfister 1994: 85-108). Finalmente, tengo que confesar que aunque la lectura de la poesía de García Marruz que me propuse realizar no presuponía una perspectiva de género, me ha sido imposible prescindir de ella, tanto por razones de formación y convicción como porque algunos de los poemas que estudio, en su compleja relación dialógica con textos de Martí, me han demandado un acercamiento de este carácter.

Viajando de la mínima a la máxima intensidad de remisión intertextual, es decir, de la mera mención, alusión o cita de un texto en otro a su tematización o al establecimiento de complejas relaciones de autorreflexividad, estructuralidad, selectividad o dialogicidad entre ellos, comenzaré por recordar la presencia de evidentes ecos martianos: «abeja», «miel», «sinsonte», «carmín», «verde-claro», en un poema de García Marruz posterior al período de *Orígenes*, «Ay, Cuba, Cuba...» (García Marruz 1970: 73-74), en el que se ha señalado cómo se configura un paisaje espiritual cubano a través de «la reiteración de palabras claves que han ganado esa categoría por su peculiar y frecuente utilización para designar lo cubano en textos anteriores» (Arcos 1990: 229), y en el que junto a estas «palabras claves» martianas hay patentes alusiones y hasta posibles citas de otros autores. Hay dos ocasiones más en que la aparición de José Martí en la poesía de García Marruz también va acompañada por la de otros poetas cubanos, pero, como veremos, con un sentido distinto, con otro «cuerpo». Se trata de dos poemas contiguos y de tono narrativo que tematizan viajes –realizado uno, frustrado el otro– del sujeto lírico a Matanzas, «la ciudad de los poetas» según el imaginario cultural cubano, y en los que una lectura ingenua no encontraría en la presencia del Maestro más que una nota emocional, una acotación escénica a un paisaje o un drama íntimos. En el primero de ellos la autora alude a un poema muy conocido de Martí, «Los zapaticos de rosa», para, desde su evocación, pintar un paisaje de playa con familias que meriendan junto a un mar azul turquesa («La familia», García Marruz 1970: 50). En el segundo, «El pintor», el tiempo poco a poco va haciéndose irreal, presente y pasado simultáneamente: los pescadores remiendan sus redes como los evangelistas y «el ruido seco / de los remos al encallar en la arena iba diciendo / los versos de Martí» (García Marruz 1970: 51). Pero lo más sorprendente en ambos poemas, como indicábamos antes, es que junto al Apóstol, que nunca vivió en esa ciudad y posiblemente tampoco estuvo nunca en ella, se evoca a dos grandes poetas matanceros. En el primero, José Jacinto Milanés (1814-1863) comparece en el recuerdo del sujeto lírico, quien de un modo sólo descifrable por un reducido grupo de lectores enterados alude a uno de sus más importantes poemas, «De codos en el puente». En el ambiente irreal que imperceptiblemente ha ido adoptando el segundo poema, la presencia del poeta esclavo Juan Francisco Manzano (1797-1854) es mucho más que una evocación, pues lo vemos acudir a saludar al sujeto lírico y a sus acompañantes «al desembarcar [estos] en la playa de caletas y mangles» (García Marruz 1970: 51) adonde los ha llevado el bote cuyos remos, al chocar con la arena, dicen versos del Maestro. Este interés por reinsertar simbólicamente a Martí en la comunidad epónima de los poetas cubanos, por devolverlo de su feroz destierro, está igualmente presente en alguno de los textos que se estudian de inmediato y en los que el grado de referencialidad en la remisión intertextual es más intenso, puesto que son poemas en los que se incorporan citas textuales de Martí, o cuya lectura se coloca bajo su orientación, ya que están precedidos individual o colectivamente por epígrafes tomados de su obra. Comenzaré por estos últimos.

Como se ha dicho, «el epígrafe es la cita por excelencia» (Compagnon 1979: 78), y su aparición «marca por sí sola, con poco margen de error, la época, el género o la tendencia de un escrito» (Genette 1987: 148). En los dos libros que analizamos hay siete epígrafes provenientes de textos martianos debidamente atribuidos. Dos de ellos encabezan sendas secciones o cuadernos de ambos libros. En *Las miradas perdidas,* la primera sección va introducida por estos versos: «y las oscuras / tardes me atraen, cual si mi patria fuera / la dilatada sombra», tomados de «Hierro», uno de los poemas más intensos de Martí, en el que se entrecruzan en el punto nodal de su afectividad tres de sus temas más frecuentados: la patria, la poesía y el destierro. Pero este epígrafe, a más de dar título a la sección que encabeza: «Las oscuras tardes», y de crear una atmósfera especial para todos los textos colocados a su abrigo –y quizás mucho más, pues como lo intuyera muy tempranamente Chacón y Calvo, «parece darnos el espíritu de su poesía» (Arcos 1990: 85)–, también remite a otro poema muy conocido y de capital importancia en la obra del Apóstol: «Dos patrias» («Dos patrias tengo yo: Cuba y la noche. / ¿O son una las dos?»), de modo que, por una parte, como lo ha advertido Arcos (1990), incorpora un nuevo énfasis a su sentido, reforzando con el misterio que introduce este otro poema de Martí, el condicionamiento de la lectura que orienta, y por otra parte, completa al texto que cita mediante una suerte de *feedback* del hipertexto –enriquecido por el eco de «Dos patrias»– al hipotexto, tan real y productivo como la incorporación del epígrafe al texto, pero que sólo se registra en la conciencia del lector y no en el texto, ya que depende por entero de su saber y complicidad. Mas hay también otro pasaje martiano que no sólo se relaciona con estos versos de «Hierro» y de «Dos patrias» por su particular insistencia en la noche y lo oscuro, sino que, por su carácter eminentemente autorreferencial y apelativo, por la destinataria a quien se dirige y las circunstancias en las que se escribe, adquiere una significación aun mayor, ya que justifica y refuerza la importancia de la cita seleccionada por la autora para epígrafe de la sección inicial de su primer libro –gesto inaugural que no podemos subestimar–, redimensiona aquella observación tan aguda de Chacón y Calvo acerca de la filiación martiana de la poesía de García Marruz, encuentra eco explícito en los versos que hemos colocado como epígrafe de este trabajo y es citado íntegramente en su primer ensayo sobre Martí, en cuyas líneas iniciales ha dicho, además, que en su «oscura y fragmentaria ráfaga» es posible entrever «el misterioso cuerpo de nuestra patria o de nuestra propia alma» (García Marruz 1952: 5, 161). Ese pasaje de Martí pertenece a una de las últimas cartas escritas a su hija María Mantilla, al parecer desde Cabo Haitiano, en marzo de 1895. En ella le dice: «Tú, cada vez que veas la noche oscura, o el nublado, piensa en mí» (Martí 1992: 503).

En *Visitaciones*, el epígrafe martiano «Amo la tierra amarilla», que encabeza una sección a la que da título, «La tierra amarilla», está tomado de los *Versos sencillos*[2], pero como podrá comprobarlo quien

---

[2] En lo sucesivo, *Versos sencillos* se designa con las siglas *V.S.*, y se añade el número romano correspondiente al poema citado o referido.

se dirija a ellos, la cita fue hecha de memoria y la autora confundió el comienzo de dos versos –el 17 y el 29– del mismo poema: «Quiero a la tierra amarilla» y «Amo la tierra florida» *(V.S.* vii), lapsus que no parece tener mayores implicaciones[3]. La sección, consagrada a textos sobre España, está dedicada a Julián Orbón, el músico de *Orígenes* que hiciera una sustancial contribución al conocimiento y disfrute de Martí: ponerles música, la de la «Guantanamera», a sus versos. Entre los cinco epígrafes restantes, el que muestra un menor grado de intensidad de remisión intertextual es el fragmento de un verso de «Canto de otoño»: «Quien va a morir, va muerto», colocado al inicio de un poema incluido en esta sección española, el «Soneto académico para la estatua de don Álvaro» (García Marruz 1970: 361). La función orientadora del texto que esta cita introduce y los ecos que en él promueve, dado su carácter aforístico, resultan bastante esperados. Pero los otros son mucho más complejos.

Otra cita del mismo poema de los *Versos sencillos* del que la autora toma la que sirve de epígrafe a la sección «Amo la tierra amarilla» de *Visitaciones* –que ya comentamos–, es la que precede a «Confín», uno de los textos más notables de este libro, en el que confluyen algunas de sus constantes temáticas, y entre ellas, la añoranza de esa edad de la inocencia en que disfrutaba de una plenitud, de una mirada, de una luz perdidas, que ya sólo logrará alcanzar en una entrevisión fugaz. El verso que sirve de epígrafe al poema, «donde rompió su corola», en su contexto original alude al lugar, Zaragoza, donde Martí pasó de la pubertad a la juventud, y por esa razón, entre otras, es un lugar que él ama: «Amo la tierra florida, / musulmana o española, / *donde rompió su corola* / la poca flor de mi vida» (*V.S.* vii). Pero en su relación con el texto de García Marruz lo denotado por el epígrafe no es el lugar, sino el momento en que se produjo ese

---

[3] La autora me aclaró, después de publicado este artículo, que esta cita de Martí era, en realidad, de Orbón, que «citaba» de este modo a Martí.

tránsito de la infancia a la adolescencia, literalmente cruento, brutal, en las mujeres, que es el «confín», el *terminus* de una edad feliz y por ello no constituye un momento grato, sino doloroso, al que el sujeto lírico llama más adelante «el giro turbador» (García Marruz 1970: 276). En este sentido resulta del mayor interés, porque refuerza la lectura desde una perspectiva de género que el propio texto impone a su hipotexto, la cita que hace la autora casi al inicio de su poema, en diálogo con el epígrafe, del verso que sigue inmediatamente a este en el texto de Martí: «la poca flor de mi vida», la cual, aunque no lleva marcas ni indicadores y sufre varias transformaciones –supresión, adición, repetición, sustitución: «la poca / flor, la poca ajena flor / de luz» (García Marruz 1970: 275)– remite inequívocamente a su hipotexto, pero para modificarlo: lo que en el verso de Martí es un «mi», un signo de posesión, de poder, aun en la poquedad de lo poseído, en el de García Marruz se traduce en signo de desposesión, de otredad: en «ajena».

En «No hay tiempo de empezar por el principio» (García Marruz 1970: 181-182), el endecasílabo de Martí que le sirve de epígrafe, tomado del poema «Tienes el don…» y citado obviamente de memoria, ha sufrido una transformación mucho más importante que las que hemos visto anteriormente. Sin dudas inconsciente, puesto que lejos de presentársenos como un lapsus irrelevante –una confusión similar a la que advertimos en «Amo la tierra amarilla»–, o como modificaciones voluntarias del texto citado –semejantes a las que acabamos de ver en «Confín»–, esta transformación testimonia, sin embargo, una evidente y perturbadora proyección del sujeto lírico. El verso de Martí dice: «Viva mi nombre oscuro y en reposo» y forma parte de un soneto que expresa su renuncia a la fama si esta ha de provenir de la exhibición de los sufrimientos íntimos del autor. Colocado a la cabeza del poema de García Marruz, este mismo verso se lee así: «Viva mi *cuerpo* oscuro y *sin* reposo», y el texto cuya lectura orienta parece referirse en su primera parte a la imposibilidad del sujeto lírico de acceder a la creación intelectual por razones que no tienen que ver con las que aducía Martí, en el poema del que se tomó el epígrafe, para explicar su voluntario silencio. En el poema de García Marruz las causas parecen ser las obligaciones femeninas cotidianas: «No hay tiempo de empezar por el principio, todo / en orden [...] / No hay lucidez posible, el círculo ha cerrado / su horizonte en que hermosos paraísos fanfarroneaban. / No hay tiempo ya de ser, por algún modo, ilustre [...]». A lo más a que puede aspirar es a «conformarse como los pequeños pájaros / que saltan sin mover las patas, a brincos, de dos en dos». Sin embargo, la segunda parte del poema formula una suerte de reconsideración del asunto: «Pero el futuro lucirá siempre viejo frente al hoy minucioso, / frente a la posesión diurna, el cegador privilegio», que preludia desarrollos ulteriores de la autora. Mostrándose no dispuesta a compartir el criterio de que las tareas domésticas, exclusivamente reproductivas, les han sido asignadas a las mujeres en un reparto injusto y autoritario en el que los hombres han conservado para sí las labores productivas, García Marruz ha manifestado, al rozar este tema, su aceptación, su conformidad con ese destino y esos deberes, en cuyo cumplimiento ha creído encontrar lo que ha llamado «el servicio misterioso»:

> Que ningún acto que realicemos en el día, ni aún el más modesto, sea mecánico. Que podamos tender la cama con la misma inspiración con que antes se iba a ver la caída del crepúsculo. La mujer que cose un roto, la que enciende el fuego, la que barre el polvo, contribuye también al orden del mundo, a la caridad más misteriosa: sirve a la luz. (García Marruz 1986: 434)

Pero aunque su poema finalice con este tono resignado y conciliatorio, en la rescritura a todas luces inconsciente del verso de Martí que selecciona como epígrafe de un contexto que refiere la renuncia a la producción literaria si esta implica la exposición de los conflictos íntimos, en la sustitución que en él hace del «nombre» por el «cuerpo»

—es decir, del logos, masculino, por la naturaleza, femenina, según el esquema binario patriarcal de distribución por géneros–, y en el cambio también drástico de «en» por «sin» –las preposiciones que preceden a «reposo»–, se evidencia una rebelión íntima que desmantela o, por lo menos, remueve tanto las estrategias del poema como sus elaboraciones en torno al «servicio misterioso».

El epígrafe que precede a «Los palmares», de *Las miradas perdidas* –«los tristes, ay los mágicos palmares, / en que mi patria es bella todavía», tomado del poema «A María Luisa Ponce de León»–, encuentra amplia resonancia en el texto cuya lectura debe orientar, pero nos lleva mucho más lejos, a otros textos y otras voces que convoca. Como resulta evidente para un conocedor medio de la literatura cubana, estos versos de Martí constituyen a su vez una cita de los famosísimos versos de la «Oda al Niágara» de José María Heredia: «las palmas ¡ay! las palmas deliciosas / que en las llanuras de mi ardiente patria / nacen del sol a la sonrisa y crecen…», con los que se conforma la matriz modeladora de toda la abundante poesía del destierro de la que Martí será uno de los últimos representantes en el siglo XIX. Es obvio que Martí ha producido distintas operaciones transformacionales en el texto de Heredia (supresión, permutación, adición, repetición) que no impiden reconocerlo, pero que inducen a una nueva lectura del paisaje cubano, con su tristeza y su misterio destacándose en medio del nuevo contexto –coloquial y, según Vitier, hasta infantil: «Me ha dicho un colibrí, linda María»– en que lo inserta (Vitier 1970: 256). García Marruz, por su parte, aprovecha esta potenciación de sentidos para transformar ese paisaje con palmas, *locus amoenus* tradicional, tópico de la plástica y de la música cubanas, en un espacio emblemático en que se condensa toda una historia de la patria: los viejos desgarramientos del destierro, las glorias militares y el sueño de la República lejano, desertado, en el que se percibe el eco de uno de los poemas más conocidos de Eliseo Diego. Por último, debemos detenernos en otro aspecto que contribuye a establecer el alto grado de intensidad alcanzada por la remisión intertextual en este poema, y es el hecho de que en la medida en que comenta, pone en perspectiva e interpreta a sus hipotextos y, en cierto modo, tematiza el establecimiento de una relación con ellos –«Yo pensé en el destierro de los buenos / que sentimos que dora todavía / de nostalgias sus palmas y sus truenos» (García Marruz 1951: 88)– se constituye en metatexto de aquellos (Pfister 1994: 104).

Un caso particular de citación que podría relacionarse con la vieja tradición poética del centón y en el que su alto grado de remisión intertextual no sólo tiene una dimensión cualitativa sino también cuantitativa, es el que presenta «La Alameda» (García Marruz 1970: 230), texto que además de llevar un epígrafe de Martí: «aquella alma timorata y nueva que se esparcía en Vd. a la sombra de los árboles queridos de nuestra Alameda», incorpora en su cuerpo, de apenas dieciocho versos, cuatro citas textuales martianas, debidamente entrecomilladas, y otras tres reportadas en discurso indirecto y por ello sin indicadores. Tanto el epígrafe como las otras citas provienen de cartas a su amigo mexicano Manuel Mercado –o que se refieren a los suyos– e ilustran, en todas las dimensiones de la vida familiar que rememoran, las carencias afectivas y la precariedad doméstica que agobiaron a Martí en su destierro y que la amistad de Mercado y el cuadro de su vida placentera paliaban y al mismo tiempo exacerbaban. El sujeto lírico del poema de García Marruz –identificado biográficamente con la autora, que viajó por primera vez a México en 1957– mientras recorre la Alameda, va testimoniando su emoción: «¿Quién puede pasearla ya de veras [...]? / ¿Quién no lee en el aire sus epístolas [...]? / ¿Y quién no se estremece de estar vivo / cuando camina por las mismas losas / viendo sólo lo invisible [...]?». Pero, al mismo tiempo, mediante la inclusión de las citas, va dando cuenta de las «fuentes» de esta emoción, con lo que el poema alcanza un altísimo grado de autorreflexividad, puesto que se construye como comentario en torno a las citas que incorpora, lo que se refuerza por el hecho de que en él también se tematiza la forma de legitimar este procedimiento, ya que en su último segmento el sujeto lírico se proclama destinatario de estos textos que demandan amor: «¿Quién no es el destinatario / a quien escribieron desde la nieve de Nueva York / "téngame hoy a su mesa"?».

Todas las presuntas citas que vamos a estudiar ahora se nos presentan desprovistas de marca y atribución; es decir, carecemos de indicadores *ad hoc*, por lo que tendremos que dirigirnos al contexto en que se insertan para decidir si nuestra identificación es pertinente. Dos de estas citas aparentes o posibles son títulos de poemas: «Canción de otoño» y «Los pobres, la tierra», ambos de *Las miradas perdidas*. El primero parece aludir al título de un poema de Martí —«Canto de otoño»— del que, como hemos visto, la autora tomaría parte de un verso para un epígrafe de *Visitaciones*. Pero confrontados los textos se comprueba que no existe relación entre ellos, y que el título de García Marruz remite al tono y al contenido de su poema, que nada tiene que ver con el casi homónimo de Martí. En el caso de «Los pobres, la tierra» sucede todo lo contrario. La lectura de ambos textos nos confirma que puede tratarse de la cita de un verso que ha devenido en emblemático del pensamiento político y de la ética de Martí: «Con los pobres de la tierra», y la búsqueda de una explicación de las transformaciones sufridas por este verso en el proceso de la citación —supresión de las preposiciones, abrupta yuxtaposición de los sustantivos— y del sentido que otorga al texto que precede, nos conduce al núcleo de la poética de García Marruz, en la que el elemento primero, su *ápeiron*, es la pobreza, la cual tiene una de sus fuentes principales en el Martí no de este texto, sino de su último diario, donde testimonia su rencuentro con el paisaje apenas conocido de la patria en uno de sus escenarios más pobres. Regresando desde aquí a los dos poemas podría intentarse leer el de García Marruz como una rescritura del de Martí en la que, por una parte, se hace especial énfasis en la pobreza, tema enunciado con particular destaque en esa segunda estrofa martiana de donde se ha tomado el epígrafe: «Con los pobres de la tierra / quiero yo mi suerte echar» (*V.S.*, iii), pero desarrollado mucho menos explícitamente por él a lo largo de este texto que el tema de la tierra. Y por otra parte, esa tierra –asimilada en el poema de Martí con una naturaleza universal, pero descrita con acotaciones mucho más septentrionales (laureles, álamos, pinares, abedules) que tropicales, y tratada con fruición panteísta– se identifica con la patria: «Me tocó el corazón la tierra mía». Volviendo entonces al título de García Marruz, encontraríamos en la yuxtaposición de sus miembros una ecuación que nos permitiría reformularlo así: «los pobres, *es decir*, la tierra». Con esta orientación reemprenderíamos la lectura del poema para encontrar además, en la aridez del paisaje y la resequedad de las plantas que el sujeto lírico describe «renunciando al asombro y la belleza» (García Marruz 1951: 152), un contradiscurso de la tradicional y también tópica alabanza de la flora cubana, presente en nuestras letras desde que Silvestre de Balboa derramara su abundante cornucopia sobre los campos de Bayamo. Pero también sería posible hallar en él no sólo ese comentario general, sino hasta alguna alusión precisa, como la que me parece advertir en la oposición del «platanal reseco» de su paisaje al platanal del «paisaje pintado» (Vitier 1970: 588) de Julián del Casal (1863-1893), cuyas hojas parecen «verdes banderas de crujiente raso» («Idilio realista»).

Con el anterior se emparienta, en su desarrollo del tema de la pobreza, un poema en el que la cita, el elemento verbal explícito se refiere a Martí, pero no es de él. Se trata del poema «El retrato», de *Las miradas perdidas*, que lleva como epígrafe el texto de un pie de grabado: «(Martí, Kingston, Jamaica)»; y si lo traemos a este conjunto de citas sin marca ni atribución es porque puede constituir la mejor guía para introducirnos en lo que se ha llamado el centro de máxima intensidad de la intertextualidad, aquel en que un hipotexto no entrega un verso o dos, sino que deviene en fondo estructural de un texto entero. Ese hipotexto que avizoramos como trasfondo en

«Los pobres, la tierra», que se hace aquí más evidente y que encontraremos con más intensidad en las «Décimas» de *Visitaciones*, es el último diario de Martí, el *Diario de Cabo Haitiano a Dos Ríos*, que ocupa un lugar preponderante en la recepción martiana del Grupo Orígenes y constituye el fundamento de muchos desarrollos ulteriores, particularmente en Lezama y en García Marruz[4]. Distintos registros del poema –brevedad e intensidad del apunte; abordaje anárquico, asistemático, desjerarquizado; inmediatez y comunión con la naturaleza; puesta en primer plano de sus criaturas más insignificantes: manglar, insectos, yerbajos– nos recuerdan el *Diario*, sin que podamos establecer mayores precisiones. Pero su último verso, «Toco palabra pobre», en su contraste con el lenguaje gramaticalmente irreprochable de los tres que lo preceden y hasta con los suntuosos adjetivos aplicados al manglar –«miniado»– y a los insectos –«suaves / decorados»–, es una patente remisión a la peculiar sintaxis de las últimas, urgentes páginas de Martí –sintaxis igualmente evocada en la transformación del verso martiano que da título al poema que acabamos de comentar: «Los pobres, la tierra». Pero en este hay además otra presencia, otra voz y una concreta e individualizada dimensión de la pobreza. Esa sintaxis urgente, elemental, es también violenta, transgresora, y en su realización metafórica nos conduce al otro gran visitado, celebrado en poemas y estudiado por la autora: César Vallejo, el hombre del «pobrecito traje / de esa tela tan triste» (García Marruz 1951: 142), hermanado, tanto en la poesía como en la pobreza, con Martí, de quien dice el sujeto lírico, contemplando su retrato: «Su traje me conmueve / como una extraña música / que no comprendo bien. / Toco palabra pobre».

---

[4] Véase también Zambrano 1994 y la nota de presentación de este texto, originalmente publicado en 1953, en ocasión del centenario de Martí. En ella Jorge Luis Arcos establece su parentesco con el ensayo de García Marruz publicado el año anterior en *Lyceum*.

En «El anfitrión» (García Marruz 1951: 85) es posible observar esta apropiación del *Diario* para el tratamiento de temas campesinos. «Voy a la casa pobre de palma y cortesía. /Me invitan a lechón» parece una cita de él, y se destaca precisamente por su contexto: un soneto en el que aún se encuentra mucho del tratamiento costumbrista del campo cubano, como lo ha anotado Arcos (Arcos 1990: 221). En las «Décimas» (García Marruz 1970: 220-227), dedicadas al escritor cubano Samuel Feijóo (1914-1994), el lenguaje —particularmente el léxico y la apresurada sintaxis— y lo que con él se expresa —la vida de los campos cubanos que Feijóo conociera tan bien y en la que la autora encuentra la esencia de la patria— se relacionan íntimamente con el *Diario*: lo evocan y lo aluden; pero el elemento que más dramática y enconadamente pone en evidencia esta incuestionable relación con él es la métrica, como lo ha advertido igualmente Arcos. La elección de una de las más severas formas estróficas, la espinela —que es, además, la de la poesía campesina cubana—, le permite a la autora exhibir la dimensión oral, la presencia del habla en el poema, pues a través del encabalgamiento violento de los versos, que desarma la tiranía del ritmo y de la rima, obliga al lector a una recepción nada tradicional y mucho más laboriosa y creadora del texto.

A partir de los versos más conocidos de Martí, sus *Versos sencillos*, la poesía de García Marruz parece acceder al mayor grado de intensidad en su remisión intertextual a la obra del Maestro. Pero una lectura atenta permite descubrir cómo, al hacerlo, ella establece simultáneamente, a modo de singular homenaje, una distancia, una diferencia en relación con los *Versos sencillos*, que proviene precisamente de las de las más estrictas y a la vez creativas formas de adopción, asimilación y actualización del legado político y ético de Martí, que llevan a García Marruz a complejizarlo y superarlo, como ha hecho su transformación de «Con los pobres de la tierra» en «Los pobres, la tierra», «revisando» y «rectificando» a Martí. Me refiero a la osadía con que asume, para inmediatamente transgredirlo, el paradigma de los *Versos sencillos* en el conjunto de poemas titulados «Las miradas perdidas», que da nombre a su primer libro y que ha sido considerado por Roberto Fernández Retamar como el único cuerpo de poesía «que en nuestra literatura muestra, dentro de una ejemplar calidad, la huella del gran poeta» (Fernández Retamar 1954: 116).

Podría aducirse que este juego de lo que me he atrevido a llamar «imitación/rectificación» comienza, como ya lo advirtiera Chacón y Calvo (Arcos 1990: 86), con lo más formal y externo –que como hemos visto nunca lo es tanto para ella–: con la métrica, la cual desde el punto de vista estrófico es la misma, pero por la rima es diferente, puesto que las de Martí son cuartetas octosilábicas aconsonantadas y las de García Marruz son enfáticamente asonantadas. De igual modo, la subrayada presencia de muchos ecos verbales –«Yo quiero», «a solas», «Pensé en», «Yo vi», «Allá en el»– no puede dejar de invitarnos a descubrir en su incorporación cierta voluntad paródica.

Pero este juego exhibe su verdadera intención cuando a lo anterior sumamos los temas y motivos desarrollados por la autora, que incitan a considerar esta serie de poemas de «Las miradas perdidas» como revisiones, rectificaciones y reformulaciones de textos de los *Versos sencillos* que les sirven de «modelos»: en esta ocasión, casi estrictamente literarios. Esto es lo que he creído encontrar, entre otros, en el poema «Yo quiero el parque dorado», donde temas y motivos intratextuales muy caros a la autora –como son la infancia, el pasado, la vieja sirvienta española, los parques, los espacios más humildes y cotidianos de la casa– se escriben, a la manera de un palimpsesto, *sobre* un texto que bien podría ser «La bailarina española», dada la evidente y buscada contraposición de personajes, escenarios y atmósferas –y, por supuesto, de poéticas– que se observa al confrontar ambos textos. Pero además, es como si debajo de «La bailarina española», de este palimpsesto, en otras «capas» más profundas, estuvieran nutriendo, sosteniendo esta rescritura, emergiendo en ella, otros poemas de José Martí en los que la pobreza y lo que ella desencadena –la emigración, el deterioro físico– ocupan un primer plano, como «Bien: yo respeto», que incorpora el tema de los desplazamientos humanos y de las marcas devastadoras de la pobreza –«la arruga, el callo, la joroba, la hosca / y flaca palidez de los que sufren»–, o como aquellos de los *Versos sencillos* en que aparece la figura siempre compleja y patética del padre de Martí, el paupérrimo inmigrante, el sargento español.

Y aquí, con la evidencia de esa peculiar forma de revisar a Martí *desde* Martí que parece caracterizar la relación intextextual de Fina García Marruz con la poesía del Maestro, concluían mis *visitaciones* conmemorativas a los textos de ambos, en 1994.

Pero en 2003, con motivo del sesquicentenario de la muerte de Martí, y a manera de homenaje que subrayara la pervivencia de su legado, precisamente a través de su apropiación crítica, decidí añadir una breve coda, apenas unos apuntes, sobre la «imitación/rectificación» de los *Versos sencillos* operada por otra autora cubana, la poeta y narradora Marilyn Bobes, en un poemario muy reciente, en el que la reelaboración de los textos del héroe nacional es formulada, desde el pastiche o la cita, como revisión, actualizada y contextualizada de acuerdo con la experiencia de la Cuba de los noventa y la propia vida interior de su autora[5].

«Variaciones sencillas», poema que ya desde su título evidencia una remisión incuestionable a los *Versos sencillos,* propone un singular ejemplo de reelaboración, de hondo calado conceptual, a partir de los propios versos de Martí. Concebido en su totalidad como diálogo con autores de la literatura universal, *Revi(c)itaciones y homenajes*, el libro de 1998 del que forman parte las «Variaciones sencillas», parece, sólo a primera vista, complacerse en el juego paródico e

---

[5] Esta ampliación, y otras páginas dedicadas a la presencia de Martí en la obra de la artista Sandra Ramos, fueron leídas como parte de una reelaboración de las precedentes en el acto solemne realizado por esta efemérides en el Paraninfo de la Universidad de Costa Rica, el 28 de enero de 2003.

intertextual de las apropiaciones y los pastiches. Así, una primera lectura de «Variaciones sencillas» que se dejara llevar por la forma y la cadencia de los versos confirmaría esta impresión, pues se trata de una composición organizada en quince estrofas que se distribuyen, a su vez, en seis secciones de acuerdo con un esquema propio para cada una de éstas, esquema en el que, a la manera de los centones, se toman o citan versos de los *Versos sencillos*, siempre marcados en cursivas, a los que la autora añade, para completar las estrofas, versos propios; salvo en las dos últimas secciones, en que todos los versos son de Martí.

Pero en una lectura más detenida, la imprescindible confrontación de cada verso citado con la estrofa de donde ha sido extraído revela importantes cambios de sentido introducidos por Bobes, que van mucho más allá de un mero divertimento para constituirse, leído el texto en relación con su entorno socio-histórico-cultural de producción, e igualmente como expresión de la sensibilidad íntima de la autora —sensibilidad al mismo tiempo expuesta y enmascarada por la permanente referencia a versos muy conocidos, instalados desde siempre en la memoria–, en actualizaciones que tomarían como referentes circunstancias específicas de la época en que se escriben. Así, por ejemplo, el «pintor atrevido / que no quiere estar contento» y «es libre» cuando crea, porque crea novedosa, experimentalmente, podría leerse como alusión al cuestionamiento de la política cultural cubana iniciada en los ochenta por los jóvenes artistas plásticos; y «el oro tierno» del «vano», que se identifica con «riquezas de invierno», rechazadas por el sujeto lírico, que prefiere «ver el sol», tendría que ver con la emigración económica que se acentúa notablemente a comienzos de los noventa. Sin embargo, en Martí, que se muestra tremendamente antiimperialista en el prólogo de los *Versos sencillos* —un pasaje del cual emplea Bobes como epígrafe para el poema que analizamos, y al que volveremos más adelante— la opción contrapuesta del sujeto lírico frente al vano deseoso de oro es también el sol, pero sin ninguna connotación política, sino otra vez panteísta: «a mí denme el bosque eterno / cuando rompe en él el sol».

Por otra parte, como decíamos antes, es ostensible en las *Variaciones* de Bobes, como en los *Versos sencillos*, la presencia central de la vida interior, de la sensibilidad lacerada del sujeto lírico. Así, «el alma trémula y sola» de la primera estrofa, «se abisma sin entender» y lejos de ir a ver una bailarina, como en el texto de Martí, «padece», motivo que se expande en los versos siguientes. Y para refrendarlo mediante una revisión del propio Martí, parece rescatar, desde una reivindicación de lo privado como materia pública, publicable, propia de la literatura confesional femenina, el derecho a exponer su dolor: «*El verso, dulce consuelo,* / pregonando su impudor / *nace alado de dolor* / para que reemprenda el vuelo», estrofa que contradice la programática decisión martiana de renunciar a mostrar sus sufrimientos íntimos en la poesía, como expresa en su soneto «Tienes el don…», antes mencionado.

En este contexto resulta, pues, muy notable el hecho de que para marcar desde el comienzo la centralidad enunciativa de esa sensibilidad herida por un dolor que en estrofas sucesivas se insinúa como debido a penas amorosas, la autora se valga, precisamente, del epígrafe martiano que ha seleccionado para orientar la lectura de su poema: «Me echó el médico al monte: corrían arroyos y se cerraban las nubes: escribí versos», fragmento del prólogo de los *Versos sencillos* en que Martí especifica que las circunstancias que determinan su malestar, aquello que lo lleva al médico, fueron políticas: la angustia y –hoy diríamos– el estrés que le ocasionó la Conferencia Panamericana de Washington.

Volviendo al inicio de estas páginas y a alguna de las circunstancias que originalmente las motivaron, se impone reconocer, no sólo desde un texto como el que acabamos de abordar, sino también desde la obra de muchos artistas cubanos de los últimos años, que la recepción de José Martí en su isla se ha enriquecido con apropiaciones, acercamientos y búsquedas que renuevan su lectura y actualizan su legado, colocándolo en el contexto de los retos a los que se enfrenta un país para el cual sigue siendo paradigma y contemporáneo.

La Habana, México, La Habana, 1994, 2003[6]

---

[6] Ponencia presentada en el congreso celebrado en el verano de 1994 en la Universidad Autónoma Metropolitana-Iztapalapa, con motivo del centenario del último viaje de José Martí a México. Publicado en su primera versión en 1995: *Casa de las Américas* 198, enero-marzo: 90-97; y en 1997 en Antúnez, Rocío & López González, Aralia (eds.): *José Martí: Poética y política*. La Habana / México: Centro de Estudios Martianos / UAM-I, 161-174.

Cuba 1961: los textos narrativos de las alfabetizadoras. Conflictos de género, clase y canon

En los últimos años, la dinámica de las relaciones de clase y de género ha sido uno de los temas de mayor interés para el debate feminista, particularmente en la América Latina[1], donde las diferencias sociales se hacen cada vez más profundas y las mujeres han evidenciado la eficacia de su participación como nuevos agentes históricos en el enfrentamiento a los regímenes militares y en los nuevos movimientos sociales[2].

Por otra parte, el tránsito de doble sentido entre el espacio privado y el espacio público, y la aparición en los ochenta de un importante corpus de literatura canónica y testimonial escrita por mujeres, se han mostrado muy complejos y a veces contradictorios, y ocupan también un lugar relevante en la agenda de la crítica feminista (Franco 1993).

Desde esta perspectiva contemporánea y múltiple (clase/género, público/privado, literatura canónica/literatura testimonial), me interesa mirar treinta años atrás y rescatar algunos textos narrativos de las mujeres que participaron en la Campaña de Alfabetización desarrollada en 1961, con la intención de contribuir a la (re)inserción de

---

[1] Véase García Castro 1991.
[2] Véase, por ejemplo, las fundamentaciones del papel que desempeñan las mujeres en los nuevos movimientos sociales en los testimonios de Barrios de Chungara 1978 y Menchú 1983.

la producción literaria femenina cubana posterior a la Revolución en el cuadro de la literatura escrita por mujeres en la América Latina, puesto que, como insisto en repetir, dadas las características únicas de la experiencia cubana, nuestras escritoras por lo regular han quedado fuera de los estudios generales realizados en el Continente, o apenas han sido consideradas como precursoras o como rezagadas en relación con las demás escritoras latinoamericanas, según se las haya abordado con una óptica predominantemente clasista o feminista.

No se me oculta que adoptar las coordenadas de un punto de vista suscitado por el proceso de la literatura femenina actual para enfocar un fenómeno de los sesenta puede considerarse anómalo, pero a mí me ha resultado productivo, no sólo en lo que concierne a mi objeto de estudio, sino también porque me ha ayudado a exorcizar los fantasmas del *déjà vu* que me acosaban desde la práctica de las mujeres latinoamericanas de la década de los ochenta, evocándome a las cubanas que en los años cincuenta encontraron formas inusitadas de lucha contra la dictadura de Batista, o que después del triunfo de la Revolución ocuparon otros espacios públicos, entre los que el propiciado por la Campaña de Alfabetización resulta del mayor interés.

I.

En los distintos proyectos de la nación cubana estructurados por la sacarocracia criolla desde comienzos del siglo XIX, la educación, concebida como medio para acceder a la independencia, premisa y correlato del progreso, o mecanismo de autorregulación social, ocupó un lugar muy importante y constituyó un espacio privilegiado para la discusión de las ideas. Por esta razón fue en el contexto del largo debate sobre la educación de la mujer y, en particular, sobre su contenido, que llegó a Cuba el feminismo, y se convirtió con María Luisa Dolz, la mayor educadora del siglo XIX, en uno de los temas más fecundos de la primera mitad de los noventa[3]. En 1895, *El Fígaro*, el principal semanario de la época, dedicó íntegramente a la mujer cubana, para que expusiera sus ideas y sus realizaciones en la literatura, las artes y las ciencias, su entrega del 24 de febrero. Pero este mismo día estalló la Guerra de Independencia en el Oriente del país y con ella cambió súbitamente de rumbo lo que había comenzado a esbozarse como un proyecto de emancipación femenina basado en la educación intelectual y física de la mujer, su derecho al trabajo (y a obtener igual salario que los hombres), y su lucha contra la invisibilidad y por el rescate de su propia historia[4].

En la Guerra de los Diez Años (1868-1878), la presencia femenina en las zonas de operaciones había obedecido principalmente a razones familiares, ya que se trataba en su mayoría de esposas, madres e hijas que acompañaban a los insurrectos o que encontraban protección junto a ellos. Por el contrario, en la Guerra de Independencia (1895-1898) hubo un gran número de cubanas que, al margen de motivaciones familiares, asumieron nuevos roles y participaron directamente en los combates como soldadas, ocuparon posiciones intermedias como mensajeras o enfermeras o estuvieron en la retaguardia como cocineras o costureras de los campamentos. Cerca de treinta de ellas alcanzaron altos grados militares: una fue generala; tres, coronelas; y más de veinte, capitanas[5]. De igual modo, entre los miles de cubanos emigrados por razones económicas y políticas que residían en distintas ciudades extranjeras, particularmente de los

---

[3] Véase Dolz 1955 y Cruz 1990.

[4] Los textos programáticos aparecidos en este número de *El Fígaro* son los de Aurelia Castillo de González, sobre las causas de la condición subalterna de la mujer, en general, y de la cubana, en particular, y en saludo al feminismo; María Luisa Dolz, sobre la discriminación de que son objeto las obreras; y Lola Rodríguez de Tió, sobre la educación de la mujer.

[5] Sobre la participación de la mujer en la Guerra de Independencia, véase Caballero 1982.

Estados Unidos, se crearon clubes revolucionarios destinados a hacer propaganda y recaudar fondos para la guerra. Entre ellos tuvieron una gran importancia los clubes femeninos, integrados en gran parte por trabajadoras, y que llegaron a ser el veinticinco por ciento del total de estas agrupaciones[6].

Consecuentemente, en ambas guerras algunas cubanas postularon la igualdad de derechos para las mujeres en la futura república. En la Guerra Grande, Ana Betancourt pidió a la Asamblea Constituyente de 1869 que examinara la condición de subordinación femenina sobre la base de su similitud con la condición colonial de la Isla y con la existencia en ella de la esclavitud. Si a los negros se les había otorgado la libertad por los independentistas alzados contra el poder colonial español, ¿por qué no otorgarles estos mismos derechos a las mujeres? En la Guerra de Independencia, las peticiones femeninas fueron aún más lejos, puesto que exigían el derecho al voto, el divorcio y el empleo público (Stoner 1991: 22-23, 32).

Terminada la guerra con la intervención norteamericana, los cubanos fueron obligados a adoptar una constitución prácticamente calcada de la de los Estados Unidos, que en un apéndice establecía imposiciones tales como su derecho a intervenir y a tener bases militares en el territorio cubano. Pero esta constitución traía paradójicamente como ventaja lo que había sido la demanda fundamental de las cubanas desde que habían accedido a la prensa: la enseñanza, que ahora sería, según la ley, laica, pública y gratuita en escuelas mixtas para todos los niños y jóvenes del país. Esto, alcanzado al menos teóricamente por primera vez en la América Latina (Miller 1991: 51), por una parte abría el camino de las mujeres a todos los niveles de enseñanza y al mismo tiempo, dada la necesidad de maestros, les brindaba una gran cantidad de empleos.

---

[6] Véase Estrade 1986.

Si bien, como se ha dicho, la ventajosa situación educacional de las cubanas en relación con las restantes latinoamericanas no cambió su papel en la sociedad, «ya que como sus contemporáneas norteamericanas eran canalizadas hacia ocupaciones que constituían en realidad extensiones de sus roles femeninos», sin embargo, «ya en 1930 el número de mujeres con instrucción primaria y matriculadas en instituciones de nivel superior [...] (principalmente en La Habana) era casi igual al de hombres» (Miller 1991: 51; mi traducción).

Tanto este alto nivel de escolaridad y la intervención en la vida pública que él implicaba, como la conciencia de sus derechos y el prestigio social y la autoestima que habían adquirido las mujeres cubanas en la práctica de los campamentos militares y de los clubes revolucionarios durante la guerra aún reciente, así como su participación en las luchas políticas con que se estrenó y desarrolló la República, contribuyen a explicar el auge alcanzado por el feminismo y, en general, por el movimiento femenino en Cuba en los años veinte y treinta, durante los cuales las mujeres tuvieron una amplia actuación política y social puesta de manifiesto en las distintas asociaciones y partidos que crearon o en los que participaban; en sus campañas y congresos, nacionales e internacionales, en los que desplegaron una amplia agenda; en su lucha contra la dictadura de Gerardo Machado (1929-1933), en su presencia en el movimiento sindical y antiimperialista, así como en el activismo intelectual feminista desarrollado por periodistas, narradoras y ensayistas[7].

Sin otorgarles mayor importancia a algunas de las demandas contemporáneas de las mujeres, pero reconociendo explícitamente –y hasta utilizándolas como pruebas– sus hazañas patrióticas y morales durante la guerra, el Congreso fue aprobando paulatinamente un

---

[7] Entre ellas, la novelista más destacada es Ofelia Rodríguez Acosta, y la periodista más conocida, Mariblanca Sabas Alomá. Véase Montero 1989: 39-57 y Stoner 1991: 87-107. La ensayista más importante es Camila Henríquez Ureña. Véase Henríquez Ureña 1982: 447-457, 543-571.

cuerpo legal que testimonia importantes conquistas del movimiento femenino cubano, entre las que habría que destacar el derecho de las mujeres a administrar sus propiedades o a disponer de ellas (1917), el divorcio (1918), la prioridad para determinados empleos (1922), la ley de protección (salud y seguridad) a la mujer trabajadora (1925), el derecho a votar y a ser elegidas (1934), la ley de maternidad (1934), la que establecía iguales condiciones de trabajo y salario para hombres y mujeres (1934) (Stoner 1991).

La Constitución de 1940 en buena medida sancionó las disposiciones anteriores al declarar en su artículo 20 «ilegal y punible toda discriminación por motivo de sexo, raza, color o clase, y cualquier otra lesiva a la dignidad humana» y al adoptar, en materia laboral, importantes criterios en relación con el trabajo femenino. En especial hubo un tema, el relativo a los derechos de los hijos ilegítimos, ampliamente debatido durante años por el heterogéneo movimiento femenino cubano, ante el cual la Asamblea Constituyente aceptó eliminar toda distinción social entre los hijos legítimos o ilegítimos, pero mantuvo la económica.

En los años cuarenta el feminismo comenzó a opacarse en Cuba, quizá como consecuencia de la constatación del carácter meramente formal de las conquistas plasmadas en la Constitución, y muy particularmente por las nuevas tareas demandadas por la situación internacional y la llegada a la Isla de otros modelos de intervención social femenina. Así, la lucha de las mujeres se hizo política, para las de la izquierda, y se encauzó fundamentalmente a través de su participación en campañas antifascistas y de socorro a los exiliados españoles; o social, volcada hacia nuevos horizontes descubiertos a fines de los años treinta: la asistencia a la comunidad, los proyectos de salud y, como siempre, la educación (Stoner 1991). A fines de los cuarenta, el anticomunismo y la corrupción instalada en el poder con las administraciones de Ramón Grau (1944-1948) y de Carlos Prío (1948-1952), viciaron la atmósfera política y sindical. El movimiento de mujeres atravesó un momento difícil y quedó sofocado o reducido a las instituciones de perfil más neutro ocupadas de tareas asistenciales, educativas o culturales.

En los años cincuenta, el movimiento femenino cubano se vio compelido a dejar a un lado sus reclamos específicos para ocuparse casi exclusivamente de la lucha política desatada por el golpe de estado de Fulgencio Batista (1952), y en ella se desarrolló, por una parte, un movimiento clandestino urbano, creado, organizado, dirigido e integrado por mujeres, que reivindicaron espacios de lo privado, de «lo femenino», como escenarios e instrumentos de lucha política: son las integrantes del Frente Cívico de Mujeres Martianas que desde su formación, en enero de 1953, y hasta enero de 1959, en que decidieron disolverlo tras el triunfo de la Revolución, constituyeron una de las fuerzas más combativas y eficientes de las que se enfrentaron a la dictadura, muchas de cuyas estrategias y acciones prefiguran las tácticas de «Por la vida», en Chile, o de las Madres de la Plaza de Mayo en la Argentina[8]. Por otra parte, estuvieron las mujeres, mucho más conocidas, que participaron activamente en la guerrilla urbana –como Haydée Santamaría y Melba Hernández, asaltantes del Cuartel Moncada (1953)– y las que como Celia Sánchez y Vilma Espín intervinieron como cuadros o soldadas en la guerra de guerrillas en las montañas.

II.

Es por todo lo anterior que, al triunfo de la Revolución, los proyectos y acciones del nuevo Gobierno contarán con gran respaldo y

---

[8] Véase Castro 1990, donde se recoge abundante documentación, testimonios y fotografías de las actividades desarrolladas por el Frente Cívico de Mujeres Martianas.

participación de las mujeres, y que entre estos proyectos el más favorecido por la presencia femenina será el vinculado con la educación.

En 1959 todas las maestras desocupadas, que constituían el más alto índice de mujeres con formación media sin empleo o subempleadas, obtienen aulas, muchas de ellas creadas en los cuarteles del ejército y de la policía recién convertidos en escuelas. En 1960, en campamentos de montaña instalados en la Sierra Maestra, donde se había desarrollado gran parte de la guerra revolucionaria que acababa de concluir, comienzan a formarse los maestros voluntarios que ocuparán las diez mil aulas construidas en menos de un año en las zonas más apartadas del país para los centenares de miles de niños que no tenían escuelas. La mitad de estos maestros voluntarios son mujeres. 1961, el año de la ruptura de relaciones con los Estados Unidos, de la invasión de Playa Girón, es llamado oficialmente «Año de la Educación». En él se desarrolla la Campaña de Alfabetización destinada al millón de cubanos que no saben leer. Tres quintas partes de los doscientos setenta y un mil alfabetizadores, es decir, más de ciento sesenta mil, son mujeres; la mayoría de ellas, las que integran las brigadas «Conrado Benítez», compuestas por alumnos de secundaria básica y de preuniversitario, son muchachas de trece y dieciocho años; el resto, trabajadoras o amas de casa, organizadas a través de los sindicatos, los Comités de Defensa de la Revolución o la Federación de Mujeres Cubanas[9].

El hecho de que durante décadas se hubiera consolidado la educación como un ámbito femenino no basta para explicar que en un país tan marcado por un sexismo con raíces no sólo españolas, sino también africanas, y potenciado por las aberraciones demográficas de la inmigración y de la esclavitud, que potenciaban un alto índice de masculinidad, las mujeres y sobre todo las muchachas, en la mayoría de los casos alejándose de sus hogares y de la autoridad de sus padres

---

[9] Para una información numérica exacta, véase Pérez Cruz 1988.

y sus maridos, se dedicaran a cumplir voluntariamente, sin ninguna remuneración económica, una tarea pública, asignada por el Estado, y que implicaba el contacto diario y físico –para enseñar a escribir hay que inclinarse sobre el alumno y «llevarle la mano»[10]–, durante un año, con hombres y mujeres desconocidos.

Tanto para los padres como para los maridos, el aceptar que sus hijas y mujeres participaran en la alfabetización, allí donde las enviaran, era una decisión doblemente condicionada; en primer lugar, por el entusiasmo de ellas mismas, dispuestas a intervenir de este modo en la Revolución; y, en segundo lugar, porque una respuesta negativa –salvo en casos excepcionales– significaba no tener confianza en el gobierno y prestar oídos a campañas contrarrevolucionarias que aprovechaban los prejuicios machistas para intentar convencer a los padres y maridos de que no debían dejar que sus hijas y mujeres alfabetizaran.

A ello se debe el que en una cena gigantesca celebrada en el antiguo campamento militar de Columbia, transformado en Ciudad Escolar «Libertad», el 31 de diciembre de 1960, Fidel Castro diera la bienvenida al «Año de la Educación» con un discurso en el que aseguraba a los padres que entregaban sus hijos a la Revolución, que los confiaban a ella, que no tendrían por qué preocuparse, ya que se habían tomado todas las medidas necesarias para preservar su seguridad: los sitios más cercanos y menos riesgosos estaban destinados a las mujeres, las cuales serían ubicadas en «casas de familia», mientras que los hombres se alojarían en escuelas rurales u otras edificaciones de la comunidad. Por otra parte, los jóvenes ayudarían a los campesinos en las faenas

---

[10] Esta potencialidad erótica del proceso de aprendizaje de la escritura, sustentada en la cercanía y el roce de los cuerpos y la presión y el calor de la mano del/a que enseña sobre la del/a que aprende, sirve de base a la trama del tercer cuento del filme *Lucía* (1968), de Humberto Solás, en que un marido se niega a que su mujer sea alfabetizada por un joven de la ciudad.

agrícolas y las muchachas se ocuparían de auxiliar a las campesinas en las tareas domésticas[11].

Así se establecía nítidamente entre el gobierno y los padres de los alfabetizadores un pacto revolucionario mediante el cual el primero compartiría la responsabilidad paterna depositada en él con las familias campesinas, las cuales, de acuerdo con la orientación recibida, que sancionaba explícitamente los roles sexuales y las imágenes de hombre y mujer consagrados por la sociedad patriarcal, harían respetar las reglas de conducta tradicionales. Esto era, precisamente, lo que quería oír la mayoría de los padres y maridos, deseosos de cooperar con la Revolución, con cuyos proyectos se encontraban identificados, y al mismo tiempo, de conservar intactos las normas y los roles familiares tradicionales.

III.

La Campaña de Alfabetización y, en general, las distintas formas alternativas de educación que se ponen en práctica a comienzos de los sesenta, fueron el primer aspecto de la realidad posrevolucionaria abordado por la literatura cubana. Los textos relativos a ellas integran un amplio corpus en el que se distinguen dos series bien diferenciadas desde el punto de vista cronológico, de los autores y del género de discurso.

La primera, casi contemporánea a su referente, está constituida por textos de carácter marcadamente testimonial, escritos –salvo en un caso– por mujeres, cuyas edades, en el momento en que participaron en la alfabetización, fluctuaban entre los veinticinco y los cincuenta años. Aquí se agrupan los textos de Daura Olema y de Araceli de Aguililla en los que me detendré más adelante, y un interesantí-

---

[11] Véase Castro 1961.

simo testimonio sobre la alfabetización en un barrio marginal de La Habana debido a una mujer no vinculada ni antes ni después a la literatura, Matilde Manzano, y publicado en *Casa de las Américas* (véase Manzano 1963: 91-117). También corresponde a esta serie un texto igualmente testimonial del escritor José Rodríguez Feo (véase Rodríguez Feo 1961: 50-57), publicado en la misma revista.

La segunda serie está conformada por textos narrativos aparecidos a fines de los setenta y en la década de los ochenta, escritos por hombres –salvo en un caso– que eran adolescentes cuando alfabetizaron. La inaugura Manuel Pereira con la novela *El Comandante Veneno* (1977), uno de los mayores éxitos de crítica y de venta de esa época; y también pertenecen a ella, entre otros, los cuentos «Noche de fósforos», de Rafael Soler, y «Adiós, gran camino amarillo», de Francisco López Sacha. *Alánimo, alánimo* (1977), libro de relatos breves en primera persona de Rosa Ileana Boudet, se mueve entre la ficción y el testimonio y aborda fundamentalmente experiencias vinculadas a una nueva práctica educacional, la de los instructores de arte.

A estas dos series principales se añaden, por supuesto, otros textos. Muchos poemas sobre la alfabetización; sobre todo, poesía popular. En teatro, recordamos la pieza *Fiquito*, de Rolando Ferrer. Igualmente se produjeron algunas radio y telenovelas; la última de estas, transmitida en 1990, es ampliamente deudora de *El brigadista* (1977), filme del director Octavio Cortázar y el guionista Luis Rogelio Nogueras, gran éxito de taquilla y de crítica que formalizó en el imaginario social cubano un paradigma de la Alfabetización, y tuvo al mismo tiempo amplia resonancia internacional. Este tema se había inaugurado en el cine cubano con los documentales *Y me hice maestro* (1961), de Jorge Fraga, e *Historia de una batalla* (1962), de Manuel Octavio Gómez, y tuvo una de sus más logradas manifestaciones fílmicas en el tercer cuento de *Lucía*, de Humberto Solás, al que ya nos hemos referido. De igual modo apareció contemporáneamente a la Alfabetización, una gran y lamentablemente desaprovechada producción de material documental −cartillas, manuales− y, sobre todo, los epistolarios y los diarios en que los brigadistas debían anotar todos los incidentes de su vida y su trabajo. Según algunas alfabetizadoras que he entrevistado, esto habría sido recomendado por el Che Guevara, quien a partir de sus notas de campaña había escrito *Pasajes de la guerra revolucionaria*, publicados originalmente por la revista *Verde Olivo*, en 1963, y que aparecerían más adelante como libro, en cuyo prólogo estimulaba a otros participantes «a dejar constancia de sus recuerdos para incorporarlos y completar mejor la historia» (Guevara 1970: 189). De estos materiales autobiográficos sólo se ha publicado, con el título de *Testimonios* (1973), una selección de cartas, notas y poemas de Olga Alonso, fallecida a los diecinueve años, cuando se iniciaba como instructora de teatro. Por último, podrían acrecentar este corpus algunas crónicas, como las recogidas en su libro *El año 61* (1981), por la narradora Dora Alonso, y los testimonios orales de alfabetizadoras y alfabetizadas acopiados por Margaret Randall y Laurette Séjourné en sus libros sobre la mujer cubana (véase Randall 1972 y Séjourné 1980).

He seleccionado de este corpus tres textos: *Maestra voluntaria*, de Daura Olema; y *Primeros recuerdos* y *Por llanos y montañas*, de Araceli de Aguililla, porque los considero valiosos ejemplos de escritura femenina en los que se ponen de manifiesto los conflictos entre las relaciones de género y de clase, y de género sexual y género de discurso[12] en circunstancias en que un profundo cambio social, la Revolución cubana, que aislada y agredida militarmente por fuerzas entrenadas con apoyo de los Estados Unidos acababa de declararse socialista, conduce a privilegiar la construcción de una conciencia de clase por encima de una conciencia de género y, consecuentemente, a expresarse en el discurso dominante, en la «narrativa maestra» del

---

[12] Adopto esta terminología, que evita ambigüedades, de Franco 1988: 88-94.

período, que se corresponde con el discurso del nacionalismo épico, la novela, jerarquizándolo por encima de un discurso memorialista.

Maestra voluntaria recibió en 1962 el Premio Casa de las Américas de novela. El fallo del jurado, compuesto sólo por hombres, no fue unánime: Juan Goytisolo discrepó, y desde su aparición hasta época reciente, este texto ha merecido críticas muy adversas, las que, sin embargo, resultan útiles para nuestra lectura. La reseña publicada en la propia revista de la institución que convoca y promueve el concurso es paradójicamente demoledora: «*Maestra voluntaria* [...] no es novela ni relato, sino un reportaje de escasa calidad literaria» (López Valdizón 1962: 55). Este juicio, de inconfundible autoritarismo masculino y legitimado por la publicación desde la cual se hacía, se repitió en un artículo dedicado por la propia revista a hacer una balance de los primeros cinco años de la novela revolucionaria: «[la] novela [de Daura Olema] es cualquier cosa menos una novela [...]; se trata más bien de un extenso reportaje sobre la Campaña de Alfabetización. Confieso que no pude terminarlo» (Agüero 1964: 62), y reapareció en otros artículos y libros posteriores en los que, por lo demás, confusiones en torno al contenido y errores de datación demostraban que la novela no había sido leída con el rigor requerido, o que tal vez, como confesara uno de sus primeros críticos, ni siquiera había sido leída. En los ochenta, abordajes más rigurosos, insertados en historias de la novela, del testimonio o en estudios acerca de la construcción de personajes femeninos en la etapa revolucionaria (Rodríguez Coronel 1983: 36-38)[13], han contribuido a conocer mejor este texto, al que una lectura feminista permitiría valorar más plenamente.

En la nota que presentaba la primera y única edición de *Maestra voluntaria*, Onelio Jorge Cardoso, miembro del jurado que lo pre-

---

[13] Los trabajos aún inéditos sobre el testimonio y la construcción de personajes femeninos en la literatura cubana posrevolucionaria fueron presentados como tesis de maestría y de doctorado, en La Habana y Berlín, por Carmen Ochando Aymerich y Christina Achmann, respectivamente.

miara, hacía algunas indicaciones de mucho interés. Su autora, decía, es «una *cronista diaria* de cada acontecer», «éste es un libro *anotado día a día, minuto a minuto* [...] un documento [...] un *testimonio*» (los énfasis son míos). El propio texto, escrito en primera persona, corrobora de manera explícita la existencia de un núcleo germinal, de una especie de diario original: «busco en la mochila y saco mi libreta de observaciones» (Olema 1962: 143), lo que una lectura atenta descubre a cada paso en su sostenido tono introspectivo, en la precisión de fechas y detalles, en los escuetos enunciados con que se inician algunas secciones: «Lluvia intensa. Somos bolas de fango» (107); «Han pasado [...] cinco días» (140). Por otra parte, rasgos generales de la literatura testimonial concurren en *Maestra voluntaria* de manera evidente: literaturización de una experiencia vivida por la autora, inmediatez de los acontecimientos narrados, rescate de la memoria histórica colectiva; porque, como se ha señalado, el testimonio «se presta eficazmente para referir la historia de la conversión y de la *concientización* que tienen lugar cuando las mujeres transgreden las fronteras del espacio doméstico» (Franco 1988: 275).

Pero el texto se organiza como novela. La experiencia personal de la autora en la Sierra Maestra durante su etapa de formación y adiestramiento como maestra voluntaria en los primeros meses de 1961 se le transfiere a una protagonista cargada de prejuicios –anticomunista, racista– quien, sin embargo, hace todo tipo de sacrificios para descubrir la verdad de la Revolución y tratar de encontrar un espacio en ella: abandona su codiciado trabajo en una compañía americana, su muy conservadora y confortable ciudad natal, su hija, y se suma a los miles de jóvenes que por militancia política, vocación o falta de empleo viajan en un tren abarrotado hacia las montañas de Oriente para hacerse maestros.

Como novela de tesis, *Maestra voluntaria* no alcanza sus objetivos. La transformación política de la protagonista, su toma de conciencia son muy poco convincentes, demasiado esquemáticas. Leída, en cambio, como testimonio, es de una gran riqueza no sólo por lo que reporta y documenta de la vida de esos campamentos de montaña en los primeros años de la Revolución, de la realidad externa; sino por lo que significa como estudio obsesivo, documentado, de la transformación física, de la adecuación al medio, del triunfo, en fin, de ese cuerpo femenino del que siempre se había dicho que era débil, frágil, delicado, y que va haciéndose fuerte, resistente, poderoso.

¿Qué razones llevaron a la autora a mediatizar con la ficción de una protagonista-narradora en conflicto con la realidad un discurso testimonial que daba cuenta de su transformación individual en el marco de su participación voluntaria en un proyecto compartido?

La respuesta hay que buscarla en el horizonte de expectativas de los destinatarios, del lector implícito de estos primeros tiempos de la Revolución, en el contexto de recepción que obviamente se inscribe en el texto para condicionar no sólo su estrategia de persuasión central, sino también la elección del género: por una parte, se tenía la certeza de que la tematización de una transformación política era mucho más importante que la de una transformación individual, pues mientras que las distintas instancias del Estado revolucionario habían iniciado campañas destinadas a desarrollar vigorosamente una conciencia de clase, no se había hecho nada aún para desarrollar una conciencia de género: por lo contrario, como hemos visto, el pacto revolucionario que garantizaba la participación femenina en la alfabetización implicaba el reforzamiento de los roles sexuales tradicionales. Y, por otra parte, era incuestionable el prestigio de un género canónico, como la novela, frente al desamparo de un diario o unas memorias, considerados literatura menor, algo demasiado personal y femenino, privado y confesional, carente por completo de la dignidad necesaria para narrar la gesta vivida.

Si en *Maestra voluntaria* se intenta borrar todo rastro de la condición original del texto, de su primera constitución como diario, escribiendo sobre él una novela, en *Primeros recuerdos*, de Araceli de

Aguililla, de lo que se trata es de llegar a un acuerdo con el destinatario, legitimando esta literatura menor, estas memorias, mediante el recurso de colocarlas en el marco de una novela. El esfuerzo por encontrar un vehículo de expresión idóneo, las búsquedas sucesivas de la autora se inscriben en los márgenes del texto, en su historia, lo que se advierte sin ir más allá de la portada, en el umbral de los umbrales. Allí se lee: *Primeros recuerdos* / Novela / (Ampliación del argumento «La mitad de mi vida», premio especial del ICAIC). «Primeros recuerdos» y «La mitad de mi vida» evocan títulos de memorias. Sin embargo, el texto se clasifica como novela, y la afirmación de que ha sido un guión cinematográfico premiado refuerza y legitima su estatuto de ficción. Pero en la página siguiente aparece una «Dedicatoria» a la juventud cubana y a la juventud latinoamericana que vuelve a inducir a la lectura del texto como legado, como modelo, como testimonio ofrendado a las nuevas generaciones. Y pasamos a una nueva página de este libro que con todos sus architextos y paratextos haría las delicias de Gérard Genette. Aquí aparece un «Preámbulo» en el que se lee:

> Escambray, Cuba, agosto 22 de 1961
> Año de la educacion
>
> En este momento terminamos las clases. Son las nueve de la noche. Salimos al camino. Mi hija me acompaña: ella es Brigadista y comparte conmigo y con otros muchachos la tarea de alfabetizar a treinta y seis campesinos adultos [...] (Aguililla 1963: 3).

A este «Preámbulo» le corresponde, en el otro extremo del libro, un «Epílogo» datado el 23 de agosto de 1961, es decir, al día siguiente. Ambos debían haber sido, de acuerdo con las normas, una especie de cornisa autorial que amparara el texto, pero, en verdad, ellos son la novela, la ficción; y su protagonista repasará/redactará, en la noche que se desliza entre las fechas del «Preámbulo» y del «Epílogo», la historia de la mitad de su vida. Estos recuerdos, que recorren de 1920 a 1941, constituyen una de las memorias más interesantes escritas en Cuba[14], entre otras razones por el vigor con que la autora presenta y destaca a sus personajes femeninos, en especial a su madre y a sí misma, nada tradicionales, ni pasivas, ni débiles; y, muy particularmente en lo que concierne a nuestra lectura, por el simbolismo implícito en la recomposición de su vida privada, en la reproducción de su yo íntimo, desde el marco externo, público, de su participación en la Campaña de Alfabetización, con lo que aspira a revalorizarla, a otorgarle/encontrarle un sentido, una legitimación que le permita contárnosla, escribir unas memorias. En este sentido, quiero dejar constancia de una duda para cuya formulación necesito hacer un breve excurso. En 1963, el mismo año en que aparece *Primeros recuerdos*, se publica por la Universidad de Las Villas la primera edición *de Memorias de una cubanita que nació con el siglo*, de Renée Méndez Capote, mujer que gozaba desde los años treinta de gran prestigio intelectual y político en el ámbito cultural cubano. Este texto, con su segunda edición por la colección Bolsilibros de la UNEAC, de 1964, llegará a ser uno de los libros más leídos y elogiados por la crítica cubana, y un clásico de la autobiografía hispanoamericana (véase Molloy 1991: 26). Mi duda es la siguiente: de haberse publicado antes, en el 61 o el 62, estas *Memorias*, es decir, de haber contado Araceli de Aguililla con un paradigma, con un modelo previo, ¿habría modificado la atribución genérica y toda la parafernalia paratextual de *Primeros recuerdos*[15]?

Pero el caso es que los cuatro personajes del «Preámbulo» y el «Epílogo» de *Primeros recuerdos*: la protagonista, sus hijos y su marido; el escenario: el Escambray; y el tema: la alfabetización, vuelve a aparecer en el segundo libro de Araceli de Aguililla, *Por llanos y montañas*, presentado al Premio Casa de las Américas 1970, y recomendado

---

[14] Véase Llopis 1964: 22.
[15] Debo esta inquietud a Ambrosio Fornet.

para su publicación por un jurado que integraban, en esta primera ocasión en que se convocaba a concursar en testimonio, nada menos que Ricardo Pozas, Rodolfo Walsh y Raúl Roa.

Por llanos y montañas toma su título de las primeras palabras de la segunda estrofa del «Himno de la Alfabetización». Pero este libro es mucho más que un testimonio de la alfabetización, puesto que con él su autora pretende abordar todo lo ocurrido en Cuba en 1961, año en el que se producen las transformaciones políticas, económicas y sociales más radicales, en las que las bandas contrarrevolucionarias en las montañas del Escambray y la amenaza de una invasión –que acaba por producirse en abril, por Playa Girón–, tienen al país permanentemente sobre las armas.

Como se lee en el prólogo: «hablar de la alfabetización pura era imposible para los que la concebíamos como parte [...] del gran proceso revolucionario...» (Aguililla 1975: 12). Es decir, ni la participación individual, ni siquiera el ámbito en que esa participación se producía –la Campaña de Alfabetización– podrían aislarse del espacio mayor de la Revolución. Por ello, aunque su autora –amparada por la emergente y ya teorizante literatura testimonial cubana[16], y por la canonización del *nuevo* género operada por el Premio Casa de las Américas (véase Aguililla 1995)– hace concursar su obra como testimonio, sin embargo la escribe como novela, y lejos de referir exclusivamente sus experiencias, puebla su texto de personajes de ficción, multiplica sus escenarios, sus tramas y presenta una pluralidad de discursos que los críticos han resuelto llamándolo «testimonio novelado» (Alvarez 1980: 101)[17]. Al núcleo básico de las experiencias

---

[16] En 1969 Miguel Barnet, que ya había publicado *Biografía de un cimarrón* (1966) y escrito *La canción de Rachel*, elabora su teoría de la novela-testimonio: véase Barnet 1969: 99-123.

[17] Esta definición parece no deber nada a la propuesta por Miguel Barnet, y menos a las relativas a los procedimientos de novelización inherentes tanto a la escritura como a la lectura del testimonio, desarrolladas con posterioridad, prin-

vividas por la autora y su familia, distanciadas por una narración en tercera persona, se suman personajes e historias de ficción que pueden compartir los escenarios con los protagonistas o existir al margen de ellos. La organización de estas tramas paralelas se cumple en una observancia rigurosa de la Historia, que sostenidamente violenta a la narración, interrumpiendo y precisando su discurrir con la incorporación de decenas de referentes verbales: cartas, titulares de la prensa, poemas, decretos, canciones, lemas, textos políticos, letreros, informes, noticias de la radio, partes de guerra, etcétera.

Mas hay algo de especial interés a los efectos de nuestra lectura. Entre todo lo que es narrado o documentado por este libro también se encuentra su propia autora, quien no sólo comparece desde fuera del texto, desde el prólogo –para denunciar por primera vez entre nosotros, a lo que sé, el peso que constituye para las mujeres escritoras el trabajo invisible, esa doble jornada tan penosa en un país acosado por múltiples penurias: «si no fuera porque a una ama de casa no le sobra tiempo para dedicar a las letras, este libro se hubiera podido escribir de un tirón» (Aguililla 1975: 12)[18]–; sino que también aparece dentro del texto, porque se escribe a sí misma escribiendo. Así, de la página 286 a la 295 asistimos a las circunstancias en las que se redacta su primer libro. Y, del mismo modo que el «Preámbulo» y el «Epílogo» de *Primeros recuerdos* conducen a *Por llanos y montañas*, este texto nos devuelve a aquél, cerrando un círculo en el que su autora, al parecer, quedó apresada, porque Araceli de Aguililla, como Daura Olema, no publicó más libros. El tren que en su primera página lleva a la protagonista-narradora de *Maestra voluntaria* a la Sierra, en la última la trae de regreso a su hogar. *Por llanos y montañas* comienza con el viaje de Graciela y sus hijos hacia la ciudad donde trabaja su

---

cipalmente por Elzbieta Sklodowska (1992: 91-102), pero contribuye a corroborar la existencia de las tensiones entre discurso épico y memorialista que hemos creído encontrar en los textos que analizamos.

[18] Véase Campuzano 1988.

marido para celebrar juntos la Navidad, y concluye en la Nochebuena del año siguiente, cuando toda la familia, terminada la Campaña de Alfabetización, vuelve a reunirse después de los múltiples avatares por los que han pasado.

Sin embargo, otro paralelismo de situaciones al comienzo y final de *Por llanos y montañas* parece ofrecer una salida inesperada a esta circularidad producida por el retorno al hogar. Las primeras palabras de la novela son: «Vemos una mujer escribiendo» (Aguililla 1975: 15). Las últimas reproducen el diálogo de la protagonista –aquella mujer que escribía– con su hija. Esta le anuncia a su madre que va a quemar su diario de la alfabetización para comprarse otro. Pero la madre, «como si la muchacha tuviera la culpa de *algo imperdonable*, le gritó: ¡*Usted no me quema* nada! ¡*Déme* acá eso! A lo mejor un día… y, *arrebatándoselo* de las manos, fue a su cuarto y lo guardó bajo llave» (316-317; los énfasis son míos). En este pasaje resulta evidente la violencia con que la madre reacciona ante lo que se ha llamado la complicidad de la víctima, ante ese borrado de la memoria con que la hija, sin ningún otro comentario, sin otra reacción explícita, responde a su reinserción en el espacio doméstico, al súbito tránsito del escenario donde ha desempeñado un papel protagónico y reconocido ampliamente por la sociedad, al hogar y la familia, con sus rutinas no celebradas por nadie. Pero la fuerte calificación del intento («algo imperdonable»), la rudeza de sus acciones («gritó», «arrebatándoselo») y el uso, con el imperativo, del tratamiento reprobatorio de «usted» dado a la hija, contrastan con lo que sigue. Porque lo que la madre va a proponer como respuesta a esta (auto)marginación de la Historia es un acto meramente compensatorio, un sucedáneo colocado tímidamente en un futuro hipotético («A lo mejor un día…») y encubierto por una formulación elíptica (que quizá por azar parece aludir a Virginia Woolf): «fue a *su cuarto* y lo guardó *bajo llave*» (el énfasis es mío). Así pues, lo que la protagonista quiere salvar es, por una parte, su memoria, la visibilidad de su participación activa en la

Historia y, por otra parte, la posibilidad de una realización femenina –la de la autora que con el diario de su hija va a escribir la novela que ahora leemos– a través de la escritura, único camino que puede devolverla nuevamente, aunque sólo sea en el plano simbólico, a ese espacio público efímeramente ocupado durante la Campaña de Alfabetización. Pero como éste fue un espacio históricamente marcado y cerrado, al cual se les invitó a acceder a las mujeres, y no un espacio abierto y permanente que consideraran conquistado o ganado por ellas, resultó a la postre una trampa de donde ni Araceli de Aguililla ni Daura Olema, como dijimos antes, lograron salir.

Me interesa en este sentido recordar que, al concluir la Campaña de la Alfabetización, se les ofrecieron becas para proseguir sus estudios a los alumnos y alumnas de la enseñanza media que habían participado en ella; así como cursos de «seguimiento» a todos los recién alfabetizados, y entre estos últimos, a las mujeres, cursos de corte y costura o de formación como asistentes de círculos infantiles. Si bien los ofrecidos a las alfabetizadoras se inscribían en esferas a las que desde fines del siglo XIX ya había accedido la mujer (como la enseñanza preuniversitaria y superior) y los segundos, los de «seguimiento», reforzaban los roles sexuales y las tareas femeninas tradicionales, ambos las incorporaban sin embargo a una nueva dinámica social, que incluía su separación de la familia y su participación en espacios públicos como las asociaciones estudiantiles y las milicias. Ahora bien, como he señalado en otra ocasión, esto era asumido por las mujeres como una concesión y no como una conquista, como una contribución a la Revolución y no a su propia emancipación, y no implicaba en absoluto el desarrollo de una conciencia de género (véase Campuzano 1996a: 4-10).

De este modo, lo que pudo haber sido el primer capítulo de la construcción de la *diversidad* en la literatura de la Revolución se convirtió en un episodio de la historia *unitaria* de la cultura de un pueblo que por distintas razones no estaba en condiciones de asumir la diferencia. Volver sobre esto, indagar en los orígenes de la literatura cubana posterior a 1959, podría contribuir a explicar ese vacío, ese mutismo que hace más de diez años llamé la carencia de narradoras de la Revolución, y que hoy, en comparación con la notable producción –tanto en calidad como en cantidad– de las escritoras de otros países latinoamericanos, pese a alguna excepción, se hace aún más evidente[19].

La Habana, 1996[20]

---

[19] Entre 1984 y 1995 no ha llegado a una veintena el número de libros de narrativa publicados por autoras cubanas, y esto no es del todo imputable a los efectos de la contracción económica que sufre el país.

[20] Publicado en versión reducida en 1994: *Terceira Margem. Revista da Pós-Graduacao em Letras da Universidade Federal de Rio de Janeiro* 2 (2): 18-24; y posteriormente en 1997: *Unión* 26, enero-marzo: 52-58

Literatura de mujeres y cambio social: narradoras cubanas de hoy

¿Qué narran las escritoras cubanas de hoy? Hace años que me lo vienen preguntando. En realidad, la primera vez fue una pregunta que me hice a mí misma, y me he quedado con la costumbre de replanteármela y de tratar de responder(me)la cada vez que se presenta la ocasión. Pero entonces, en el primer «hace años» de fines de 1983, lo que verdaderamente me habían pedido era que escribiera sobre la mujer en la narrativa de la Revolución, con la intención no explícita, mas evidente, de que me ocupara sólo de los personajes femeninos que aparecían en las novelas y cuentos escritos después de 1959. Y se suponía que lo hiciera a partir del que era entonces el canon narrativo cubano, es decir, de los textos de escritores hombres –que constituían la inmensa mayoría de todo lo que se publicaba en esa fecha–, textos producidos con los códigos de una cultura no sólo patriarcal sino que, a consecuencia del esplendor de la lucha guerrillera y de las amenazas de todo tipo que acosaban a la Revolución, era una cultura marcadamente viril, marcial, para la que los grandes temas eran «los años duros», la guerra; para la que las tremendas transformaciones promovidas por la incorporación de la mujer a la sociedad no eran «interesantes», sino que se consideraban, paternalistamente, como una concesión a las mujeres, algo que se les había dado porque la Revolución era generosa, y no como un triunfo de ellas.

Tras leerme o releerme todas las novelas y cuentos publicados en esos casi veinticinco años escribí entonces, como he contado en otras ocasiones, un largo ensayo crítico que subtitulé «ponencia sobre una carencia», haciendo uso de la cacofonía como recurso retórico que pusiera en evidencia cuán ausentes estaban la tematización o la representación de las mujeres en los textos de autoría masculina, y cómo, silenciada por el discurso del nacionalismo épico, apenas hubo narrativa de mujeres, ni tampoco la crítica que esa producción o su ausencia habrían demandado, porque en esos años en Cuba tampoco hubo una verdadera crítica a causa de la tendencia a tildar a la teoría literaria contemporánea de burguesa o peligrosa. Remito a lectoras y lectores a los artículos que he publicado sobre esta casi nula producción narrativa y sobre lo que propuse como su causa principal: los conflictos entre las relaciones de género y de clase, y de género sexual y género de discurso en circunstancias en que un cambio social tan profundo como la Revolución cubana, por lo demás aislada y agredida militarmente, condujo a priorizar no sólo la construcción de una conciencia de clase, que garantizara la unidad, por encima de una conciencia de género que se vería como peligrosa y diversionista, sino, consecuentemente, a privilegiar y canonizar el discurso dominante, la «narrativa maestra» del período, es decir, el discurso del nacionalismo épico, marcadamente masculino, jerarquizándolo por encima de cualquier otro tipo de relatos (véase Campuzano 1988).

En 1997 se publicó la primera y, hasta el momento, única historia de la literatura cubana de mujeres (véase Davies 1997). La reciente fecha de aparición de este libro, y el hecho de que su autora no sea cubana, podrían ilustrar, en sentido general, cuál era, hace muy pocos años, la situación, frente a la crítica nacional, de una producción femenina invisible y paradójicamente contemporánea del gran *boom* mundial de escritoras. Pero además evidenciaba cuán escasísimos eran los estudios de la mujer en Cuba.

Para comenzar por el campo de la literatura, que es al que remiten explícitamente estas páginas, y para hablar sobre todo desde mi experiencia, desde mi entorno de vida y de trabajo, no me parece excesivo recordar la primera línea de un texto sobre la marquesa Jústiz de Santana que escribí en el noventa: «En Cuba no ha habido crítica feminista: recién ahora intentamos comenzar» (Campuzano 1992: 128, incluido en este volumen). Y de hecho, cuando en 1997 Nara Araújo se ocupaba de la crítica feminista del Caribe y recordaba ese artículo, sólo podía decir, en relación con lo que se hacía en Cuba, que todavía estábamos en la fase arqueológica de recolección y rescate de textos y autoras (Araújo 1997: 14). O sea, que nos dedicamos durante algún tiempo –por lo menos, hasta mediados de los noventa– al rescate y recuperación de un pasado a partir del cual construir un legado que nos permitiera comenzar a pensarnos, entre otras razones, porque no existía –por lo menos en la narrativa– una producción literaria que estimulara otro tipo de crítica –pero a eso volveremos más adelante–.

A fines de 2000 le pedí a Catherine Davies que nos hablara en la Casa de las Américas acerca de cómo escribió *A Place in the Sun? Women Writers in Twentieth-Century Cuba,* y poco después publiqué en el suplemento literario de *Revolución y Cultura* el texto de su conferencia. La breve enumeración de las dificultades que debió salvar para acometer la tarea que se había propuesto me ahorra el disgusto de exponer este lamentable horizonte de penurias, que se extendía mucho más allá del campo literario. Le faltaron, dijo, para establecer un mínimo contexto de producción a partir del cual abordar ese siglo de literatura de mujeres, «una historia de la vida doméstica cubana, de la familia, del hogar, una historia de las relaciones matrimoniales y sexuales desde el punto de vista femenino», o sea, el entorno adonde tradicionalmente ha sido reducida la mujer. Le faltó también, dijo, «una historia completa (no sólo laboral, ni esto hay siquiera) de la mujer cubana». Le faltó, además, «la Historia [con mayúscula] desde el punto de vista de las mujeres. Y [...] sobre todo, una historia de la política cultural y la cultura política de la mujer» (véase Davies 2001).

Podría haber añadido también otras ausencias. Por ejemplo, y no sería lo menos significativo, la ya mencionada escasez de producción narrativa femenina en tres décadas; porque a diferencia de otras literaturas latinoamericanas, por no hablar de otras latitudes, la cubana no se caracterizó en los años setenta y ochenta del siglo pasado por el desarrollo de una cuentística y mucho menos de una novelística escrita por mujeres.

En 1996 publiqué en *Temas* «Ser cubanas y no morir en el intento», incluido en este volumen, que en su momento causó cierto impacto porque se trataba de un primer llamado, desde la sociedad civil, a dejar a un lado la autocomplacencia con la que se abordaban en pequeños trabajos de microsociología o en informes y discursos oficiales los avances de las cubanas, para pasar a dar respuesta a la necesidad *política* de promover los estudios de la mujer como estrategia indispensable para salvar estos avances y sortear la grave crisis de todo orden por la que atravesábamos desde comienzos de los noventa, ya que esta crisis afectaba principalmente a las mujeres; a pesar de las grandísimas realizaciones de las cubanas en muy disímiles campos, seguíamos siendo un país de rancia y, en más de un sentido, de reforzada cultura patriarcal.

Hoy esa situación no es del todo la misma. Hay, sin duda, avances, en la historia, en la sociología, impulsados en gran medida por los espacios académicos internacionales a los que se abre cada vez más el país, y no, lamentablemente, por la magnitud de los cambios de todo orden y, sobre todo, de muy sociales consecuencias, que se producen indeteniblemente en nuestro entorno, los cuales siguen demandando un viraje en nuestras ciencias sociales hacia las grandes interrogantes de la contemporaneidad, que no acaba de producirse, y en general un abordaje más comprometido políticamente con las mujeres, con su destino.

Pero en la crítica literaria los avances en el estudio de la producción de las mujeres no sólo son incontestables, sino que, desarrollados a partir de una teoría muy bien asimilada, del trabajo con textos de otras literaturas, de otros tiempos, encuentran su mayor acicate en una muy reciente y rica producción femenina nacional, que exige un rigor cada vez mayor para su abordaje. Y este, por lo demás, no puede dejar a un lado las circunstancias concretas en que surge la nueva narrativa femenina, porque es también y sin dudas un fenómeno social de relevancia, ya que lo que ha pasado es que, en medio del período especial, en pleno centro de los noventa, mientras el país experimentaba una drástica contracción económica que repercutía en todas las esferas de la vida, se ha producido esta eclosión de libros de cuentos y novelas de mujeres, que a finales de esa década ya se había convertido en una de las marcas de la literatura cubana de hoy.

En la primavera de 1998, cuando hablé de este tema en un coloquio organizado por la Universidad de Burdeos III, sólo comenzaba a asomar la punta del iceberg. En 2001, apenas tres años después, la situación había cambiado de tal modo que pude dedicar todo un trimestre en la Universidad de Stanford a un curso sobre las narradoras cubanas de los noventa. Es decir, lo que en el 98 no eran más que optimistas barruntos a partir de unos cuantos relatos aislados, algunos premios nacionales y muy pocos libros, se convirtió a la vuelta de tres años en un corpus coherente, que crecía con seguridad y con excelencias renovadas. Hoy, dos años más tarde, este corpus sigue expandiéndose, creciendo no sólo en títulos, sino en las propias dimensiones de los textos –se escriben más novelas–, y en su repercusión nacional e internacional.

Bien a comienzos del «período especial» un grupo de cubanas recién iniciadas en el estudio de la literatura escrita por mujeres –al que se unieron escritoras, escritores y una artista–, fuimos invitadas por El Colegio de México, con el coauspicio de otras universidades mexicanas, la Casa de Las Américas y la UNEAC, a hablar de la obra de autoras cubanas, en el que sería el primer congreso sobre la producción literaria de las mujeres de Cuba. Pero pese a que –como he contado en otra ocasión–, tanto nuestras anfitrionas como nosotras nos preparamos lo mejor que pudimos y los trabajos fueron muy serios, los resultados, en sentido general, no pudieron ir más allá de constatar la realidad de que existía una larga e importante tradición de literatura de mujeres en Cuba, pero que esta se había interrumpido o congelado en las últimas décadas, particularmente en lo concerniente a la narrativa.

Poco después, cuando la crisis se manifestaba también en una imposibilidad de publicar libros y revistas que aconsejó multiplicar las antologías, el malogrado Salvador Redonet había incluido en su recopilación de la «ultimísima» cuentística cubana (véase Redonet 1993) a algunas muy jóvenes autoras, sobre las que él volvería por esos años, entre otros trabajos, en uno inédito –y al parecer perdido–: «Doce mujeres en pugna». Recuerdo este título a manera de indicio de cuántas llegaron a ser entonces nuestras noveles narradoras y de cómo coinciden –no casual, sino causalmente, creo– el inicio de la crisis con la revitalización de la cuentística femenina. Y también porque esta fue la contribución de Redonet al primero de los coloquios organizados por el Programa de estudios de la mujer de la Casa de las Américas, que recién estrenábamos en 1994. Al año siguiente Nara Araújo publicaría en Brasil una especie de esbozo preliminar de la poética de estas «novísimas» y «posnovísimas», en la que establecía un contraste ideoestético entre sus textos y los de autoras pertenecientes a promociones anteriores (véase Araújo 1995). Pero, salvo contadísimas excepciones, estas jóvenes no tenían a su haber más que algunos cuentos inéditos, recogidos por Redonet en aquella y otras antologías, o aparecidos en algunas revistas. De hecho, porque no siguieron escribiendo, o por otras razones, muchas desaparecieron rápidamente del paisaje de las letras de la Isla, donde algunas pocas narradoras de las décadas precedentes hacían muy escasas contribuciones al género o no podían publicarlas por las razones ya aducidas.

A mediados de los noventa aquel mutismo femenino empieza a revertirse también en otros campos relacionados con la cultura. De nuevo insisto en que entonces grupos de académicas, escritoras, artistas y comunicadoras, por una parte, con apoyo institucional o sin él, comenzamos a organizarnos y a imaginar programas y acciones, convencidas de la urgencia de intervenir con nuestras prácticas culturales y profesionales específicas en la azarosa contemporaneidad de la mujer cubana, para promover la asunción de una conciencia de género, otorgar mayor visibilidad a su historia y sus realizaciones culturales y reforzar por esta vía la autoestima tan necesaria en momentos de crisis e incertidumbres. Y, por otra parte, casi simultáneamente, comienzan también a manifestarse estos desarrollos en la literatura, particularmente en autoras no ajenas a este proyecto al que acabo de referirme.

Me ha parecido que las más evidentes muestras del cambio en el campo literario son las que se manifiestan –para utilizar un *terminus post quem* bien conocido y consagrado– a partir de la aparición de *Alguien tiene que llorar*, de Marilyn Bobes, libro de cuentos ganador del Premio Casa de las Américas de 1995, en el que las nuevas temáticas relativas a la condición femenina se abordan desde una perspectiva y una sintaxis narrativas *diferentes* (Campuzano 1996b: 52-53); e, igualmente, con la publicación de *Estatuas de sal*, primera recopilación antológica de textos narrativos de cubanas, preparada por la también narradora y poeta Mirta Yáñez y por Marilyn Bobes, y concebida como amplio panorama de una larga tradición que serviría a las autoras contemporáneas como genealogía legitimante, al tiempo que se presentaba como abundante compendio ilustrativo de la producción de las últimas décadas, de la cual no se excluía a las autoras que vivían y producían *fuera*, es decir, a la diáspora cubana, ni aunque escribieran en otra lengua (véase Bobes & Yáñez 1996).

Poco después dos importantes revistas dedicaron sendas entregas a las mujeres cubanas y a la producción cultural femenina: *Temas* (número 6 de 1996) y *Unión* (número 1 de 1997), y jóvenes narradoras comenzaron a obtener los más reconocidos premios nacionales: Ena Lucía Portela, UNEAC de novela en 1997; Adelaida Fernández de Juan, UNEAC de cuento en 1998; Anna Lidia Vega y Mylene Fernández Pintado, David de cuento en 1997 y 1998, respectivamente.

Me resultan evidentes los riesgos de abordar una producción tan cercana, y sobre todo tan marcada por un presente obsesivo. Introducir y comentar, aun sucintamente, un corpus que surge y se articula en tan breve tiempo reclamaría por lo menos un intento de establecer sus relaciones de intercambio con la historia más reciente de Cuba, de revelar las estrategias de su participación, como práctica y producción culturales, en la compleja, dinámica y conflictiva constitución del orden social de estos años, de la producción de transformaciones (y también de resistencias) que están teniendo lugar en la Isla. Pero sobre todo, si pretendiera efectuar una lectura atenta de estos textos, no desconozco que sería de la mayor importancia recordar, siquiera brevemente, las dimensiones de la crisis, su impacto en la mitad femenina de la población cubana, la contradicción entre las condiciones de vida alcanzadas por la mujer en el período revolucionario, su retroceso a comienzos de los noventa, y los modos y cambios con que ellas han intentado sortearla. Por otra parte, también sería imprescindible conocer el rico proceso de la cultura y la narrativa insulares en la última década, marcado por la experimentación formal y la asunción creativa de corrientes del pensamiento y el arte contemporáneos, así como por el desarrollo de una crítica más documentada y polémica, en cuya dinámica han intervenido protagónicamente las revistas literarias y culturales, que no sólo han alcanzado mayor rigor en la selección de lo que publican sino también una apertura en el diapasón de las ideas y de los nuevos temas que abordan, entre los que la producción textual de nuestras autoras y la condición femenina comienzan a ocupar un espacio mayor. Todo lo anterior resulta más relevante si confieso que mi intención es la de leer estos cuentos y novelas como espacios de contradicción y de lucha por el poder interpretativo, como hechos literarios cargados de historicidad, como formas artísticas en dinámica relación con las transformaciones sociales, porque, como sabemos, las formas culturales no sólo reproducen, sino también *producen* la realidad.

En sentido general, los textos de estas autoras de finales de los noventa tematizan de modo más o menos explícito las distintas dimensiones *sociales* y, en particular, *morales* de la crisis, y su repercusión en el ámbito público y privado. Pero no todas centran su interés en referentes fácilmente localizables en la cotidianidad de las relaciones familiares o del trabajo, súbitamente trastornada por el «período especial»; no todas proceden a un abordaje directo de hechos acaecidos o vidas que se viven en la zozobra de un día a día calamitoso; sino que los tratan sesgadamente, desde el humor y la ironía, los rozan o los aluden lateralmente en textos que a simple vista no parecen tener relación con estos referentes. Y, por otra parte, también hay autoras que sobrepasan las expectativas de los lectores con extraños personajes, espacios y problemáticas que parecen emerger de pronto en estos años; y en especial con todos esos marginales, imaginables e inimaginables, que desde sus distintos espacios de exclusión construyen el extraño fresco social con el que visten una ciudad siempre adversa, siempre extraña: ajena.

Como se ha señalado por la crítica, las escritoras más jóvenes por lo regular eluden toda referencialidad al contexto social y a un ámbito que no sea el más inmediato, personal, o de grupo; y asumen un discurso de lo individual, de un autoconocimiento que permanentemente se niega o se cuestiona. Son las llamadas posnovísimas, y su producción, expresada a través de formas de poderosa y notable creatividad, se inscribe en una poética transgresora y desestabilizadora que se explayará en los textos de las novelistas que publican en estos años y en un libro *sui generis* de ficción y ensayos.

Por otra parte, casi todas abordan temas que antes apenas se trataban o que se consideraban tabúes –las sexualidades, el erotismo, la prostitución, la violencia doméstica, la pedofilia, la drogadicción–, en textos que en las más jóvenes se pueblan, como decíamos, de personajes «raros», *otros* que se mueven sin rumbo cierto por espacios cerrados y marginales –pero sólo hasta cierto punto.

Al mismo tiempo, lo fantástico discursivo –tanto en estado «puro» como «instrumental» (en narraciones que lo relacionan con la religiosidad afrocubana o con la ciencia ficción: Picart, *El druida*)– vuelve a hacerse presente en un buen número de escritoras, quizá señalando, en el contexto de los noventa, hacia esa especial relación analógica entre los sujetos de la literatura fantástica y de la literatura femenina, que sólo pueden hablar desde un margen: el que separa de la explicación racional, en el caso del fantástico; o del discurso hegemónico masculino, en el caso de la escritura de mujeres (Graña 2000: 297). De hecho, el fantástico reaparece en conocidas autoras de promociones anteriores (Díaz Llanillo, *Cuentos antes y después del sueño*, y *Cambio de vida;* Llana, *Castillos de naipes*); comienza a ser practicado por otras (Bahr, «Tía Emma»: 12-22, «Soñar»: 34-36; García Calzada, *Historias del otro*) y aun por las posnovísimas (Suárez, «El ojo de la noche» y «En esta casa hay un fantasma», 1999a: 7-18, 80-84; Vega, «Alguien entró volando», 1998b: 11-15).

Para el recorrido temático que ahora comenzamos, he decidido sólo tomar en cuenta la obra de autoras que hayan publicado libros, dejando a un lado en ocasiones excelentes textos aislados de jóvenes y no tan jóvenes escritoras cuya producción narrativa aún no se ha recogido en volúmenes. Este recorrido no aspira a ser más que una de las posibles cartografías de este corpus; la que pretende, primero, indicar someramente –sin entrar en las complejidades de su urdimbre– las relaciones de estas narraciones con su contexto inmediato de producción, y después, anotar los nuevos caminos que abren a la indagación de la condición femenina cubana actual las narradoras de fines de siglo, es decir, de estos verdaderos y nada épicos «años duros» cuya severidad han sufrido fundamentalmente las mujeres. Porque considero que es uno de los aspectos más característicos del paisaje social contemporáneo y, por el significativo espacio que ocupa en estas narraciones, me detengo un poco más en este rápido recorrido en aquellas que tratan de la emigración o aluden significativamente a ella.

Así pues, las carencias, el resurgir de las diferencias económicas –con los beneficios que ofrecen (no a todos) las remesas familiares, el turismo y las empresas de capital mixto– y, particularmente, el deterioro moral y las incertidumbres que ellas –las carencias y las diferencias económicas– pueden generar, se abordan realista y enfáticamente (Alonso 1997, «No renegarás»: 27-35, «La paja en el ojo ajeno»: 15-26); o, en mayor medida, se tratan desde una perspectiva sesgada o distante, en la que el humor y la ironía subrayan las paradojas que todo esto implica en una sociedad que había sido programáticamente equitativa (Bahr, «Ausencias»: 78-80; Fernández de Juan, «Antes del cumpleaños»: 31-38, «Ay, Carlos»: 68-71; Fernández Pintado, «Alejandro Magno»: 41-46; Vega 1998b, «La encomienda»: 16-22; Alonso 2002: *passim*).

Vinculada con la crisis y tratada por casi todas las narradoras directa o tangencialmente, de modo explícito o alusivo, la emigración, en sus diferentes dimensiones, parece constituir el motivo dinámico que articula textos de factura e intenciones muy variadas. Así, la tematización de la retirada, a comienzos de los noventa, de ciudadanos de otros países que llevaban muchos años de residencia en Cuba, como la rusa de «Clemencia bajo el sol» (Fernández de Juan, 9-17), o la argentina madre de la protagonista de *Silencios* –novela en la que nos detendremos más adelante–, quienes con mayor o menor dolor deciden regresar a sus lugares de origen; o que, comprometidos con el proyecto revolucionario, vinieron a trabajar en la Isla después del 59, y ahora ven escindida su familia entre los que se quedan y los que se van (Alonso 2002, «Ofrecer el corazón»: 36-43), conduce al lector tanto a contrastar el presente con el pasado, como a indagar en los desafíos emocionales e identitartios que experimentan los personajes.

Del mismo modo, los viajes ya no en misión internacionalista o en función de trabajo, sino destinados a sortear provisional o definitivamente las penurias del «período especial», ponen en evidencia los derrumbes morales y las incertidumbres ante el futuro desecadenados por la crisis. En «Falsos profetas», un cuento epistolar integrado por cerca de veinte cartas que dos amigas se cruzan a lo largo de tres años, Alonso presenta, con el tránsito del viaje en misión internacionalista al viaje buscado como solución personal a recortes y carencias, todas las miserias de la condición humana y un variado muestrario de oportunismo y doble moral (1997: 44-61). En «Viaje a Pepe» (78-85), Fernández de Juan aborda las incertidumbres y quiebras identitarias consustanciales a la crisis, a través del diálogo entre una médica que percibimos como internacionalista y un taxista que también parece haber realizado alguna misión de este tipo. Ambos van en búsqueda de siete trabajadores de la salud que sólo ocho años antes habían coincidido con ella en otro país; los resultados de la indagación, entre patéticos y cómicos: uno se fue hace cinco años para Miami, otro es vendedor en el Mercado Unico, Pico de Oro «se metió a cantante del Trío Cubazul y anda de gira por Burundi» (83), conducen a una conclusión: «[todos] pasamos de moda» (85) y a una pregunta con la que termina el cuento, la cual, aunque en boca del taxista, no tiene que ver, por supuesto, ni con calles ni con barrios: «¿adónde vamos ahora?» (85). En «Una nueva estación», cuento de Suárez que narra la vida por unos meses de una especialista cubana en casa de una familia de Sao Paulo, se revelan los contrastes entre los valores humanos de dos sociedades sustentadas por distintas prioridades (1999a: 49-63).

Por otra parte, sendos cuentos de Fernández Pintado y de Alonso tematizan la ansiedad que provoca en los cubanos la posibilidad de viajar y los trámites de todo tipo que esto implica. El primero, titulado «El día que no fui a Nueva York», es la narración de un viaje imaginario por esa ciudad, anterior a la realización de aquel para el que está invitada su protagonista en tanto escritora: es la escenificación de sus sueños y de sus lecturas literarias y fílmicas, pero también de las gestiones –burocráticas, mánticas y religiosas– que se realizan para lograrlo (Fernández Pintado: 47-50). El segundo, titulado «El viaje», aborda también la ansiedad de emigrar, aun temporalmente, de decenas de jóvenes a la postre engañados por un timador que se finge funcionario del Ministerio de Cooperación. El escenario en que se inicia el cuento, la tumba de la Milagrosa en el Cementerio de Colón, también señala hacia esta dimensión sobrenatural en la que se coloca la esperanza de lograrlo, al tiempo que la organización que asumen los auxiliares reclutados por el falso funcionario apuntan hacia el fetichismo de una burocracia supuestamente imprescindible para la realización de cualquier viaje (Alonso 2002: 70-82).

Personaje y presunto autor de *El pájaro: pincel y tinta china* y *La sombra del caminante*, las dos novelas de Portela en que él aparece –y en las que nos detendremos más adelante–, Emilio U es, además del objeto del deseo de protagonistas de ambos sexos y aquel a quien persigue «La Persona que Busca», un escritor que emigra a Francia y que, tanto en las estrategias que presiden su viaje como en las páginas de sus cartas o de su diario, va a mostrar, desde su perspectiva y desde la de otros personajes, nuevas facetas en lo que concierne a la práctica y la «metafísica» de la emigración. Emilio U, cuyo apellido pudiera ser la transcripción fonética al español de *ou*, el adverbio de lugar francés, es para casi todos los demás personajes un ausente cuyo vacío se percibe como una pérdida, pero es también, desde la perspectiva más popular y pragmática de Bibiana, el «inteligente» que se casó con una francesa para facilitar su partida. Y para sí mismo, por una parte, un cínico «[cuyos] problemas con la Isla y su mitología no son de índole política, sino más bien de naturaleza, digamos, térmica» (Portela 1999a: 196); pero, por otra parte, alguien que no puede dejar de ser corticalmente cubano y que no logra encajar en ningún lugar (Portela 2001: 215). Este malestar permanente, o mejor, este no-estar-del-todo del emigrante, es decir, esta autorrepresentación suya desde el otro lado, desde el allá, desde el espacio de los nómadas, de la diáspora, en el *in-between,* se encuentra también en dos narraciones cuyas protagonistas se inscriben en el mundo de la cultura: la escritora ya mayor de «Una extraña entre las piedras», de Portela (1999b: 91-122), que al cabo de cuarenta años de estancia en Nueva York rememora su vida en esta comunidad multiétnica y transcultural; y la joven intelectual de «Mare Atlanticum», de Fernández Pintado (1999: 51-58), que nunca acaban de pertenecer del todo a su nuevo entorno, pero que ya tampoco podrían volver a sentirse en su lugar si regresaran a sus espacios de origen. La remisión intertextual al poema «Para Anna Velfort» de Lourdes Casal, tanto en el título como en el epígrafe del cuento de Portela, orientan inequívocamente una lectura en este sentido.

Pero en esta narrativa de mujeres hay un énfasis particular en el tratamiento de los conflictos que promueve la emigración en quienes se quedan, los que pueden ser aún más complejos cuando regresa de visita quien se fue. Esto es lo que proponen dos cuentos de Ana Lidia Vega. En «Erre con erre» (Vega 1998b: 99-115), desde sus propias voces un niño pequeño, su madre y su abuela paterna narran el cúmulo de violencia, odios y desamores por los que aquella emigró dejando a este hijo traumatizado por su partida y por la existencia de la nueva familia que ella ha constituido en el Norte y de la que él ha sido excluido. En el epílogo, titulado aviesamente «Escena prescindible», y contado por un narrador extradiegético, el regreso de Marlén, la madre, con sus maletas emblemáticas, parece cancelar todos los horrores de la confrontación con su suegra, que la recibe alborozada en medio de los gritos de bienvenida de los vecinos. Sólo el niño no sale de su estupor. En el otro texto de Vega, «Tan gris como su nombre» (1998b: 31-36), una anciana revive la crueldad del padre que le arrancó a su único hijo cuando pequeño, y el sufrimiento ocasionado por la pérdida que en aquel entonces era «definitiva», cuyo duelo no ha podido elaborar. Por eso, cuando su hijo regresa de visita tras muchos años de ausencia, cargado de regalos y feliz de encontrarse con mujeres de verdad, ella rechaza desconcertada y obsesiva su retorno.

Otro regreso mucho menos traumático que éstos es el que Alonso desarrolla en «Yo te voy a explicar», donde dos primos que no se ven desde la infancia nos brindan la ocasión de comprobar desde la ironía, las dimensiones de la distancia no tanto geográfica, ideológica o cultural, sino meramente de la cotidianidad y el confort, que separa y casi incomunica a los que se fueron hace varias décadas y a los que se quedaron (2002: 83-88). Pero el haberse quedado o el regreso también redimensionan una dinámica contrastiva de presente y pasado, en que se abordan ocultos conflictos familiares a partir de la historia de una prima que se queda y un hija que decide escapar para no irse con su madre (Bahr, «Blanco y negro»: 57-77); o, cuando súbitamente regresa con una caja de huevos de regalo alguien que se fuera por el Mariel se reflexiona sobre las circunstancias que rodearon hace veinte años aquellas salidas, y sobre los modos de pensar y actuar –léase mítines de repudio– de «entonces» (Alonso, «Diente por diente»: 62-72).

El tema de los balseros, ampliamente presente en la cuentística masculina, encuentra en las autoras que lo tratan un nuevo enfoque a partir de la perspectiva de personajes femeninos. En «El séptimo trueno» la protagonista narradora presencia desde el litoral la salida del que cree su viejo amante, la que juzga al principio como irracional, a pesar del recuerdo de la severidad de medidas y decisiones que lo habían afectado años atrás cuando autorizara que un hijo suyo se fuera al extranjero con la madre; pero al día siguiente, cuando el balsero regresa tras el fracaso de su intento, la narradora se compromete a escribir sobre todo lo que lo ha conducido a aquella desesperada salida, y como este es el texto final del libro, su compromiso podría asumirse como el de la escritura del volumen que acabamos de leer (Alonso 1997: 73-79). En «Espuma», la compañera del balsero ahogado no puede asimilar una muerte inaceptable y le escribe, enloquecida, la carta que leemos (Suárez 1999a: 67-79). En *Silencios*, la protagonista no sólo opta por permanecer al margen del proceso de construcción y salida de la balsa en que se va su novio, sino que considera todo –el malecón, las balsas, las despedidas– «tan kafkiano que hasta daba risa» (Suárez 1999b: 219). Pero el tema de los balseros también es tratado episódica e irónicamente cuando la presunta salida clandestina del marido que asediaba a la hija sirve de segura coartada –rápidamente aceptada por la policía– a una madre muy decidida a protegerla a toda costa (Bahr, «Olor a limón»: 81-97); o la desaparición de un joven realmente asesinado por su amante es acogida por sus desasidos familiares con gran tranquilidad, como posible incorporación de su pariente a la flota de balseros (Portela, *El pájaro...*: 215-216).

Por otra parte, con los avatares de emigrantes llegados a los Estados Unidos, Mylene Fernández Pintado ha conformado todo un ciclo cuentístico –al que volveremos más adelante– que, al tiempo que traduce la fascinación que, parejamente con una vieja repulsión, este país ejerce sobre el imaginario nacional, desconstruye la mitologización popular de la «Yuma»: «El vuelo de Batman» (59-66), «Cosas de muñecas» (67-72), «Vampiros» (73-79), «Vivir sin papeles» (Fernández Pintado 2001).

Al presentar en 1996 el libro de Marilyn Bobes y comentar uno de sus textos, «Pregúntaselo a Dios» (61-69), decía que el resurgir y la reconceptualización de la prostitución en Cuba, con la aparición de las «jineteras», podía entenderse como una suerte de emigración, de salida, que no siempre conducía –como en el caso de la protagonista de este cuento– fuera de las fronteras de la Isla –aunque este es en muchos casos su objetivo último–, sino que sobre todo se dirigía hacia el país virtual formado por esas zonas *otras* de la geografía nacional surgidas recientemente y destinadas al turismo y, en general, a los extranjeros. Provenientes muchas de ellas de las más apartadas zonas, y, por tanto, migrantes internas, no sólo fue el impacto del turismo, sino también el deseo de comer en grandes restoranes, de comprar en las nuevas boutiques, de pasear en autos como los que aparecen en las películas lo que condujo a estas jóvenes no a la emigración ilegal, a las balsas –de hecho se calcula que sólo un tres porciento de los balseros de 1994 fueron mujeres–, sino a ejercer la prostitución en torno a esos ámbitos que por su gran visibilidad permiten que se magnifiquen dentro y fuera de la Isla las dimensiones de este fenómeno. En «Aniversario» (1999a: 40-46), Karla Suárez explora crudamente las motivaciones y las fantasías de las jóvenes que se dejan tentar por esos rutilantes y engañosos enclaves, desde la ambigüedad de una narradora estudiante de Periodismo que de un hotel de cinco estrellas –que al principio creemos que está en el extranjero– llama a una amiga para contarle las maravillas que la rodean en este edén al que ha venido «acompañando» a un periodista extranjero. Pero también aparecen «jineteras» con carácter protagónico en otros de los textos, como *La sombra del caminante*, novela de Portela a la que Aimée, la jinetera negra y narcómana, uno de los personajes más complejos de esta autora, proporciona el desenlace; o en «Erre con erre», de Vega, ya citado, porque Marlén, la madre del niño abandonado, pasa por jinetera en su camino hacia la emigración; o en el ya citado «Mare Atlanticum», de Fernández Pintado (51-58), donde la protagonista en su viaje a España lamenta verse confundida con una jinetera por el funcionario de inmigración; o en «Tirar la primera piedra» (1997: 7-14), de Alonso, donde la protagonista es víctima de una confusión similar por empleados de un hotel.

La otra vertiente temática fundamental de la narrativa femenina de estos años es la que se ocupa, por una parte, de todo aquello de lo que antes no se hablaba, de los tabúes vinculados a los cuerpos silenciados o escamoteados en décadas –y siglos– precedentes; y, por otra parte, de la reflexión, en ocasiones metatextual, sobre la escritura como espacio de duda y realización de las mujeres. En ese sentido este segmento del corpus va a otorgar visibilidad tanto a las formas más violentamente sutiles de represión «privada» de la mujer como a sus estrategias letradas de rebelión frente a ellas.

Víctor Fowler ha estudiado el retorno a las letras cubanas de los noventa de un tema cancelado drásticamente en los setenta: el homoerotismo (Fowler 1998), que a partir de su entrada en la narrativa escrita por mujeres con Ena Lucía Portela –quien ha hecho de la identidad lésbica uno de los principales objetos de su indagación: «Dos almas perdidas nadando en una pecera» (Portela 1990), «Sombrío despertar del avestruz» (Portela 1996a), «Una extraña entre las piedras» (1999b: 91-122)–, ha encontrado espacio, en función de distintas búsquedas, en otras autoras: Bobes, «Alguien tiene que llorar» (7-24); Vega, «La estola» y «En familia» (1998b: 65-78 y 95-98); Suárez, «La estrategia» (2001). Al mismo tiempo el incesto y la violencia sexual –siempre ignorados– entran en la narrativa femenina con autoras como Aida Bahr («Olor a limón»: 81-97), Anna Lidia Vega («*Performance* de Navidad», 1998a: 31-34), Karla Suárez («Un poema para Alicia», 1999a: 22-36) y Ena Lucía Portela («Desnuda bajo la lluvia», 1999b: 50-63).

Por otra parte, los «raros» y las «raras» de todo rango, sus relaciones grupales, así como algunos espacios de selectiva marginalidad, pueblan la narrativa de Ena Lucía Portela, unas veces al servicio de ese humor pérfidamente culto que va instalándose como rasgo distintivo de su hacer, y otras constituyéndose en ejes de la trama de algunos de sus textos: «La urna y el nombre (un cuento jovial)» (Portela, «Un loco dentro del baño» y «Al fondo del cementerio», 1999b: 10-29 y 64-90). «Raros» y «raras», también su dinámica de grupo, y espacios particularmente hostiles –sólo en cierta medida relacionados con esos bajos fondos «light», de frikis y empastillados, tan presentes en la cuentística masculina desde fines de los ochenta–, caracterizan, con su torva agresividad, la más temprana poética de Anna Lidia Vega:

«*Collage* con fotos y danzas» e «Instalación con basura» (1998a: 20-27 y 28-30), «Rara avis» (1998b: 137-141), dejando lugar en sus últimos cuentos a cierto humor negro muy bien administrado: «Esperando a Elio» (2001: 7-18).

Como dijera Araújo en el artículo antes citado, los temas y conflictos tradicionalmente «femeninos» han desaparecido de los textos de la mayor parte de las novísimas, pero en otras escritoras jóvenes y también en esas, aunque, por supuesto, con otras formas e intenciones, pueden abordarse –entre otros– las incertidumbres, derrumbes y torpezas de las relaciones de parejas de toda edad (Bahr, «Ritual de la despedida»: 23-33, «Pequeño corazón»: 37-56; Fernández de Juan, «El regocijo»: 39-40, «Las aparecidas»: 66-67; Fernández Pintado, «El oso hormiguero»: 20-25; Suárez, «Elena & Elena» (1999a: 85-102).

Otro tema que emerge en los textos de estas autoras, en muchas ocasiones como escenificación, es el de la escritura, dando a la reflexión –tanto en su sentido especular como de pensamiento– sobre el oficio de escribir y el mundo de las letras un énfasis antes inexistente, lo que al margen de otras consideraciones, sin dudas subraya la importancia adquirida para ellas, en tanto mujeres, por un espacio al mismo tiempo de riesgo y libertad, de indagación íntima y realización personal, de búsqueda formal y proyección pública, de aceptación o rechazo de patrones y autoridades establecidos: Bobes, «¿Te gusta Peter Handke?» (25-32); Fernández de Juan, «Bumerang» (18-23); Vega, «La estola» y «Gente rara» (1998b: 65-78 y 89-94); Portela, «El viejo, el asesino y yo». Esto se hace evidente, además, por el hecho de que muchas de las protagonistas de cuentos y novelas son a su vez escritoras. Tal vez sea este el mejor momento para recordar, en un recorrido tan rápido, ese *unicum* de Margarita Mateo, *Ella escribía poscrítica* (1995), en que se funden ensayo y ficción para exorcizar desde el abordaje de diversas manifestaciones culturales y el análisis de poéticas y pensamiento contemporáneos, no sólo los demonios de la ominosa contemporanidad en que se producen o se discuten estas textualidades y estos temas, sino del entorno vital desde el que escribe y sobre el que también reflexiona la autora, omnipresente en sus distintas *personae*.

Finalmente, en este breve período han aparecido más novelas escritas por mujeres que todas las publicadas entre 1959 y 1983. Casi la mitad de ellas, mayormente de signo histórico tradicional, pertenecen a autoras de larga trayectoria, como Mary Cruz –*Colombo de Terrarrubra* (1994), *Niña Tula* (1998), *El que llora sangre* (2001) y *Tula* (2001)–, y Marta Rojas –*El columpio de Rey Spencer* (1996), *Santa Lujuria* (1998). Entre las escritoras noveles –aunque con experiencia en los medios–, Margarita Sánchez-Gallinal, con *Gloria Isla* (2001), también sondea el transcurso nacional a través de su imbricación con la historia de una familia. En *Minimal son* (1995), Ana Luz García Calzada escudriña igualmente las relaciones de familia y sus conflictos, pero en un lapso más cerrado y cercano. Mercedes Santos, por su parte, publica una novela que se inscribe en la corriente temática homoerótica: *Monte de Venus* (2000).

Pero Karla Suárez, y sobre todo Ena Lucía Portela, aportan a la novelística cubana de estos años un nuevo decir.

En *Silencios* (1999), Suárez narra con la mayor efectividad expresiva y, al mismo tiempo, con una gran economía de medios, una moderación y una distancia a las que también alude el título, la formación de una joven en las últimas tres décadas del siglo, que se proyectan en la novela a través de los conflictos de su familia y de los amigos más cercanos con la sociedad y con la historia que tanto los ha marcado y que tanto ha demandado de ellos. Pero poco a poco la novela comienza a desplazarse hacia otro ámbito, que aunque presente en textos de otras autoras jóvenes caracterizados precisamente por los espacios y los grupos cerrados en que se desarrollan, aquí se va haciendo explícito: una suerte de exilio interior en que la protagonista se sumerge, presuntamente para escribir, cuando por diversas razones, pero principalmente porque emigran sus parientes y compañeros, se queda sola en su gran casa: «El mundo de afuera continuaba deteriorándose y entonces determiné que me quedaría dentro» (Súarez 1999: 205). Esta voluntad de aislamiento la subraya el hecho de que cuando excepcionalmente sale a la calle, va «con los audífonos en las orejas» (209).

Por su parte, Ena Lucía Portela, con *El pájaro: pincel y tinta china* (1998), *La sombra del caminante* (2001) –a las que ya me referí al abordar el tema de la emigración y la prostitución– y *Cien botellas en una pared* (2002) –que recibiera recientemente el Premio Jaén–, ha otorgado ámbito y aliento mayores a ese *continuum* narrativo que es su obra, sin duda el más nutrido, ambicioso y logrado corpus de esta década, por el que desfilan y se intersectan personajes que en su mayoría pertenecen a un pequeño mundo intelectual, *underground* y bastante sórdido, desde el que cínica e intensamente es presentado el entorno social, entre bromas y humor que no perdonan a nadie ni a nada.

Anna Lidia Vega publicó en Islas Canarias su primera novela: *Noche de ronda* (2002), y espera publicar próximamente en La Habana otra, *Anima fatua,* en la que recupera su infancia y adolescencia en la Unión Soviética –tema ya abordado en algunos cuentos de *Bad painting* y *Limpiando ventanas y espejos*–, con lo que incorporará a la literatura cubana una no insólita, pero poco explorada dimensión de la biculturalidad. Por otra parte, *Otras plegarias atendidas,* novela de Mylene Fernández Pintado que obtuviera el Premio Italo Calvino 2002, desarrolla, desde la perspectiva de una protagonista narradora que es también escritora, el tema de la más reciente emigración a Miami –algunos de cuyos personajes y situaciones conocemos de cuentos publicados anteriormente por ella–, enmarcado en una historia sentimental y de formación intelectual.

Por suerte, habría mucho más que decir. Queda todo el capítulo de las escritoras cubanas que viven y producen en otros países: tanto las instaladas en ellos desde hace décadas, como las que se fueron hace poco; las que comenzaron a escribir allá, o las que ya tenían una obra acá. Y, por supuesto, las relaciones de todo orden que se establecen entre su producción y lo que escriben las que viven en la Isla. Estaría también por, al menos, reseñar el amplio espacio que comienzan a ocupar nuestras autoras en la crítica contemporánea, sobre todo en el extranjero: la seriedad con que se abordan, en buena medida, sus textos; pero también, la superficialidad con que a veces son estudiadas en virtud de «la moda Cuba», y no sólo en el extranjero, sino también en nuestro entorno. Esto sería aplicable igualmente, tanto en lo positivo como en lo banal y negativo, a las antologías de narradoras, que con frecuencia repiten los mismos cuentos o recogen la efímera producción de quienes sólo han escrito unas líneas.

Hacia las últimas páginas de sus primeras novelas, del 97 y el 99, respectivamente, Portela y Suárez ponen en boca de sus personajes unas palabras que no dejan de resultar perturbadoras al final de este recorrido y que me apresuro a citar a continuación. En *El pájaro...* Emilio U, ya instalado en París, anota y comenta que:

> A él le reprochaban a menudo que dedicara tanto tiempo a pensar en las ideas, a escribir sobre la escritura [...] «Tienes que contar algo», le decían, «¡La realidad cubana es tan rica!». Claro que era rica, riquísima. No había en todo el mundo nada que fuera más sabroso. No por gusto la perseguían tantos editores extranjeros, profundamente interesados en la emigración, las «jineteras», la cosa *gay*, pues ya los rockeros y la guerra de Angola estaban algo pasaditos de moda. (Portela 1999a: 199)

Mientras que la protagonista narradora de *Silencios* escribe:

> No sé si sería la carencia de un periodismo verdadero, pero se me antojaba que los escritores hacían periodismo [...] Hablaban de gente fugándose en balsas de la isla, jineteras en las noches de La Habana, el dólar que subía y subía, la esperanza que bajaba y bajaba. Resultaba aburrido. (Súarez 1999: 217)

Pero a pesar de esa doble advertencia, que no sólo alude al mercadeo editorial de estos temas, sino también al *fast-food* académico al que invitan, quiero terminar diciendo que si apenas me he detenido a señalar lo que significan la mayoría de los textos de las narradoras cubanas de hoy en tanto realización estética, o como escritura femenina, es porque he preferido subrayar el valor que tiene el universo simbólico vehiculado por ellos para la interpretación, por lectores y lectoras cubanos, de nuestra realidad social contemporánea, y más allá, su significación como instancia cultural en cuyo entramado son pensadas las transformaciones de los últimos tiempos y se proponen distintas respuestas a nuestra realidad contemporánea.

La Habana, 2004[1]

---

[1] Este trabajo es una reelaboración de artículos aparecidos en distintos libros y publicaciones de los primeros años del tercer milenio, y de ponencias presentadas en congresos organizados por la Universidad de Burdeos III –sobre mujeres cubanas (1997) y el Caribe (2003)–, Casa de las Américas (2002), ANPOLL (Brasil, 2002) y LASA (2003); así como el resultado de discusiones con estudiantes de los cursos que sobre la obra de estas escritoras he impartido en las universidades de Stanford (2001), Monterrey (2003) y Valencia (2004). Los artículos ya publicados a partir de los cuales se reelabora este texto son 2002: «Narradoras cubanas de fines de los 90: un mapa temático/bibliográfico». En Lamore, Jean & Guzmán, Omar (eds.): *Mujeres de Cuba. Actas del Coloquio de Burdeos*. Burdeos / Santiago de Cuba: Universidad Michel de Montaigne / Universidad de Oriente / Editorial Oriente, 162-174, del que otras versiones han aparecido en distintos sitios de Internet; 2003: «Cuban Women Writers Now», introducción a Berg, Mary (ed.): *Open Your Eyes and Soar, Cuban Women Writers Now*. Buffalo: White Pine Press, 9-17; 2003: «Literatura de mujeres y cambio social: narradoras cubanas de hoy». En *Temas* 32: 38-47; y 2004: «Was erzählen Kubas zeitgenössische Autorinnen?». En Lang, Miriam (ed.): *Salsa Cubana – Tanz der Geschlechter*. Hamburgo: Konkret, 126-140. A ellos he añadido, como ampliación, parte de las ponencias sobre emigración presentadas en sendos congresos de LASA (marzo de 2003) y la Universidad de Burdeos III (junio de 2003).

Blancas y 'blancos'
en la conquista de Cuba

El desarrollo de las nuevas tendencias de la historia, conjuntamente con el renacimiento feminista de finales de los sesenta, han propiciado la aparición en las dos últimas décadas de un notable corpus de trabajos específicos o generales sobre la historia de las mujeres latinoamericanas y caribeñas, así como de alguna bibliografía teórica (véase bibliografía en Lavrín 1978; Navarro 1979; Hahner 1983; Stoner 1987)[1]. Sin embargo, por razones que no es el caso discutir en estas páginas, la historiografía cubana, que en buena medida continúa exhibiendo el «efecto Carlyle» que caracteriza una parte numéricamente importante de toda su producción en este período, cuando por excepción se ha ocupado de las mujeres ha abordado su estudio desde una perspectiva casi exclusivamente política y con un énfasis manifiesto en los valores didácticos de las conductas heroicas que le interesa resaltar.

Por esta causa, en vez de continuar transitando por tiempos y espacios más afines a mi experiencia literaria, y haciendo un giro quizá exagerado, pero que en su apelación metafórica a las raíces quiere ser una contribución a *erradicar* prácticas históricas obsoletas, a *radicalizar* las más acordes con la historiografía contemporánea y a *enraizar* en ellas la perspectiva de género, me propongo intentar una revisión de las fuentes para la historia de la mujeres en Cuba, comenzando por sus inicios, y

---

[1] Y para México véase, por ejemplo, «La historia de México desde el género» y «Bibliografía [sobre la historia de la mujer en México]» en Ramos Escandón 1992.

a ese fin me ocuparé de las primeras españolas llegadas a la Isla. Pero antes de seguir, debo explicar por qué, si deseo ir a los orígenes, no me dedico a las primeras habitantes de Cuba: sus indias, casi totalmente exterminadas en el primer siglo de la Colonia. Ello obedece, principalmente, al hecho de que si la invisibilidad de las mujeres, su ausencia de las fuentes y registros históricos, constituye el mayor inconveniente para su estudio (Wallach Scott 1992: 38-39), cuando se trata de mujeres subalternas esta invisibilidad es doble: como ha dicho Todorov, «las mujeres indias son mujeres, o indios, al cuadrado» (Todorov 1987: 57). Sin embargo, al desarrollar mi tema estaré obligada a referirme a ellas, porque en los textos que analizaremos se evidenciará cómo la doble condición hegemónica del discurso narrativo de la Conquista, tanto con respecto a las mujeres como a los indígenas, puede llegar a homologar a blancas y a indias, poniendo de manifiesto la magnitud de la tensión entre las relaciones de género y de raza, las que en esencia son, como se ha dicho de las primeras, «maneras primarias de significar relaciones de poder» (Wallach Scott 1988:42).

La conquista de Cuba, iniciada en 1510 por un contingente de trescientos hombres bajo el mando de Diego Velázquez, constituyó, salvo el trágico episodio de Hatuey —cacique de la Española que trasladó la rebelión de los indios de aquella isla a ésta—, el acto de ocupación de un territorio conocido, al que con frecuencia se había accedido tanto en razón de empresas oficiales como de proyectos particulares o de naufragios. Descubierta por Colón en su primer viaje y recorrida a lo largo de casi toda su costa sur en el segundo, el Almirante dejó asentado en una acta firmada bajo juramento por toda la tripulación que se trataba de la ansiada tierra firme; y aunque sólo se reconoció oficialmente la condición insular de Cuba en 1509, después de realizarse su bojeo, es evidente que desde mucho antes había sido visitada y parcialmente explorada, como lo demuestra el mapa de Juan de la Cosa, de 1500, en el que aparecía como isla, con una silueta bastante aproximada a la real.

Tras sofocar los restos de la sublevación de Hatuey, Velázquez se dedicó algún tiempo a crear las condiciones que presuntamente favorecerían su misión, pero que en realidad le permitirían independizarse un tanto de Diego Colón, el Virrey de Indias. Fundó una villa, Nuestra Señora de la Asunción de Baracoa; ordenó explorar gran parte de la región oriental, y organizó una retaguardia para sus fuerzas, las cuales dividió en tres grupos: dos que se trasladarían por mar, reconociendo la costa norte y sobre todo la entonces estratégica costa sur, fundamental para lanzarse hacia la actual América Central, al tiempo que apoyaban al tercero, que iría por tierra. Como ha dicho Fernando Portuondo, «la ocupación de Cuba fue [...] planeada como una operación militar de reconocimiento e invasión» (Portuondo 1957: 70).

Entre los nuevos pobladores de Cuba hubo, por supuesto, mujeres. De dos de ellas, venidas de la Española, lo que sabemos, aunque no sea mucho, parece excesivo en comparación con lo que ignoramos de todas las demás. De otras dos, llegadas al occidente de la Isla antes que sus conquistadores, no hemos sabido mucho más que esto, pese a las excepcionales circunstancias en que se produjo su arribo a nuestras costas y a su destino francamente novelesco. De las restantes españolas –¿cuántas? ¿quiénes?– nada o casi nada conocemos.

«El silencio de las principales fuentes de información» –ha dicho Michelle Perrot– «es, en sí mismo, una indicación del lugar que ha sido asignado a las mujeres» (1992: 72). Del mismo modo, aquello que sí se decide anotar, lo que se selecciona para ser incorporado a los registros, o bien lo que no se recoge, lo que se omite o se «borra», esos «blancos» que ostentan muchas páginas de la historia en los espacios que debieron ocupar las mujeres, constituyen indicaciones aún más precisas, con datación y móviles, que hay que aprender a mirar desde un ángulo diferente[2], o que hay que tomar como pla-

---

[2] Esta «mirada desde abajo», «lectura al revés» o «cepillado a contrapelo» –según la feliz metáfora propuesta por Walter Benjamin en sus «Tesis sobre la

taforma de despegue para echar a volar la imaginación –adelantada de la inteligencia (véase Lewis 1984)–, no sólo con la finalidad de justipreciar la inclusión de las que encontraron un lugar en las fuentes, o de rescatar del olvido y recuperar para la memoria a aquellas desdeñadas por ellas, sino también para tratar de entender a qué obedeció en cada caso el derecho de presencia o el veto de ausencia que les fueran concedidos, y cómo estas intenciones han quedado atrapadas en las mallas del lenguaje.

En la introducción de su libro sobre la participación femenina en la Conquista[3], Nancy O'Sullivan-Beare advertía las dificultades que causan al investigador la carencia de fuentes para realizar este estudio y la naturaleza de lo referido por las que aportan algo al tema. Pero esto, de acuerdo con la historiografía de mujeres, como hemos visto, no constituye una excepción sino un ejemplo más del espacio exiguo y del tratamiento que siempre –y sólo con variantes de época e intenciones– les han otorgado a ellas los documentos oficiales y la historia.

Así, una lectura de los cronistas –fuente fundamental, y en ocasiones única, para el período– en función del material que aportan sobre las mujeres nos conduciría a conclusiones similares, que podríamos resumir, dividiéndolos en tres grupos: por una parte, el de quienes nada dijeron de las mujeres en sus textos, ni siquiera cuando su participación en los asuntos tratados hubiera sido excepcional (tal es el caso de Góngora Marmolejo, cronista de Chile, en relación con Inés Suárez, compañera de Valdivia, la cual no existe para él); en segundo lugar, los que refiriéndose a sus acciones, jamás las llamaron por sus

---

filosofía de la historia»– son métodos adoptados por los estudios postcoloniales, surgidos en las últimas décadas en Sudasia y Africa, para rescatar y recuperar de las fuentes coloniales, únicos registros de los que disponen en muchos casos, las distintas dimensiones de las historias nacionales.

[3] Anterior a este libro inaugural del tema es el discurso pronunciado en 1902 ante la Real Academia de la Historia por su secretario, Cesáreo Fernández Duro, que sigue siendo de utilidad (véase Fernández Duro 1902).

nombres (como Cortés, que sólo menciona en su quinta carta a la Malinche); y, por último, el de quienes exclusivamente se refieren a ellas si se trata de esposas de conquistadores destacados, o de víctimas de espantosas calamidades (O'Sullivan-Beare 1956: 23-25).

¿Cuándo, cuántas y cuáles mujeres viajaron a las Indias? Durante años, la invisibilidad de las mujeres en los textos de los cronistas y las dificultades de acceder a otras fuentes y registros hicieron creer que su llegada al Nuevo Mundo había sido tardía, exigua y limitada a esposas de señores de cierta importancia: es decir, a damas de calidad. Esto sirvió, entre otras cosas, para dotar de otro capítulo a la Leyenda negra y aportar un nuevo argumento al mito de la inferioridad de la América española en relación con la anglosajona, conquistada y colonizada por humildes y cristianísimas familias y no por hordas de solteros ambiciosos o señorones arrogantes (Mörner 1969: 27). Sin embargo, los resultados del análisis de Reales Ordenes, Cédulas y Capitulaciones indican lo contrario.

Tan pronto como se hizo evidente que no era a la tierra de las especias adonde había llegado Colón y que las presuntas riquezas de lo hasta entonces conquistado no eran tales, la corona comenzó a elaborar proyectos de colonización entre los que se encontraban los que incluían a las mujeres españolas (véase Konetze 1945; Pumar Martínez 1988: 12; Sánchez Albornoz 1973: 87; Serra Santana 1986: 38-40). Ya en el tercer viaje de Colón, organizado en 1497, y por disposición de los Reyes Católicos, debían venir treinta mujeres; y en las capitulaciones de colonización suscritas en 1501 con Luis de Arriaga y en 1502 con Vélez de Mendoza, se establecía que los emigrantes viajaran con sus esposas (Konetze 1945: 124). El Gobernador de la Española, fray Nicolás de Ovando, llegó en 1502 acompañado por setenta y tres familias; y en 1509 los Virreyes de Indias trajeron a muchas «dueñas e doncellas» en su cortejo (Báez Díaz 1977: 26, 32). En tiempos de Ovando y al parecer a instancias suyas (Báez Díaz 1977: 26-27), se emitieron disposiciones reales para que los casados que hubieran dejado a sus mujeres en España se vieran obligados a traerlas (Konetze 1945: 125-126). En lo que respecta a las solteras, además de las que viajaban con sus padres o familiares, parece que en los primeros años de la colonización también las hubo que emigraron solas, pues como dice Konetze, una consulta hecha al rey Fernando, en 1511, por las autoridades de la Casa de Contratación de Sevilla sobre si era lícito que las solteras fueran a Indias, parece indicar que se trataba de una práctica antigua y común (Konetze 1945: 136-138).

Por otra parte, contribuyó notablemente a conocer el monto y las características de la emigración femenina la publicación del *Catálogo de pasajeros a Indias*, preparado por el Archivo General de Indias, sobre la base de las listas de licencias concedidas para emigrar. Aunque, como se ha dicho, no aporta información anterior a 1509, sus datos son imperfectos e incompletos e ignora a quienes vinieron sin permiso (Sánchez Albornoz 1973: 89), los estudios de demografía histórica realizados a partir de su aparición han permitido saber que entre 1509 y 1519, que es el período en que se realiza la Conquista de Cuba, viajaron al Nuevo Mundo, casi siempre con destino a la Española, trescientas ocho mujeres, por lo regular en grupos familiares y en su mayoría andaluzas (Boyd-Bowman 1964: xviii); que entre todas las que lo hicieron en el siglo xvi, que fueron poco menos de mil, más de la mitad no eran casadas, sino hijas, nietas, sobrinas, hermanas, cuñadas, primas, madres, suegras, tías o criadas de los hombres con los que viajaban o con los que iban a reunirse; y que pertenecían en más de dos tercios del total a las capas inferiores de la sociedad (Serra Santana 1986: 34-36).

Concebida fundamentalmente como «crónica del ejercicio del poder público» (Ramos Escandón 1992: 8), durante mucho tiempo la historia sólo se permitió acoger en sus páginas a las esposas de los «grandes hombres». Por eso los cronistas apenas nos han dado a conocer con alguna abundancia de detalles la presencia en la Cuba recién conquistada de Catalina Juárez y María de Cuéllar, quienes se casarían, respectivamente, con Hernán Cortés y Diego Velázquez. Y si sabemos de ellas sus nombres, sus linajes y algunos de sus «hechos», es precisamente en función del destino que tendrán sus maridos, cuya caracterización contribuyen indirectamente a delinear, mediante la suerte que se les atribuye o los episodios de sus vidas que se ponen en primer plano. La muerte de María de Cuéllar a los seis días de casada, el luto que contrasta violentamente con los preparativos, el fasto y regocijo de las bodas, parecen señalar hacia las esperanzas siempre fallidas de Velázquez, a su condición de eterno perdedor[4]. La compleja urdimbre de las sórdidas relaciones de Cortés con Catalina[5], que ocasionan la intervención de Velázquez y propician, mediante el expediente de un matrimonio forzado en el que éste fungirá como padrino, la reconciliación momentánea de los que serán eternos antagonistas, ayuda a configurar, tanto en la *Historia de las Indias* de fray Bartolomé de Las Casas –texto fundamental sobre la conquista de Cuba, escrito por un testigo presencial y, las más de las veces, coprotagonista de los hechos que narra, en el que nos detendremos más adelante– como en otros cronistas, el perfil de Cortés como individuo sin escrúpulos, calculador, que no se detendrá por nada –ni siquiera ante el asesinato de su primera

---

[4] Véase el tratamiento novelesco que da a este episodio, preservado por los cronistas como parte de la biografía de Velázquez, el dominicano Manuel de Jesús Galván, quien le dedica casi toda la segunda parte de su *Enriquillo* (1882) al dibujo de un presunto triángulo amoroso que ocasiona la muerte de María de Cuéllar. A partir de esta novela, el poeta Gastón Deligne y el músico Pablo Claudio dedican a ella un drama y una ópera. Véase Báez Díaz 1977: 33.

[5] Según López de Gómara, siempre favorable a Cortés, Juan Suárez o Xuárez, un pobre granadino, pasó a las Indias con su madre y sus hermanas, entre las que se encontraba Catalina, con la intención de casarlas con hombres ricos. Catalina vino a Cuba como «moza» de María de Cuéllar –quien había formado parte del séquito de la virreina María de Toledo– y «apenas tenía qué vestirse». Véase Martínez 1990: 118-119.

esposa– para satisfacer sus ambiciones y lograr sus propósitos[6]. La estimación de sus bodas con Catalina, puesta por Las Casas en labios de Cortés: «que estaba tan contento con ella como si fuera hija de una duquesa» (Casas 1986, vol. III: 107), no es sólo la irónica frase que el padre selecciona para rematar su relato de las circunstancias que rodean al matrimonio del futuro conquistador de México, sino también para concluir el capítulo en que se inserta como prueba al canto de las características de la personalidad de éste, y que lleva un título que alude a él de modo altamente significativo: «De algunas de las pasiones que tuvo Diego Velázquez con Cortés, estando en su servicio» (Casas 1986, vol. III: 105).

A diferencia de la de otros territorios americanos, la conquista de Cuba no tuvo nada de grandeza heroica ni de hazaña, sino que fue, como ha dicho Julio Le Riverend, una empresa eminentemente económica (Le Riverend 1960: 13). De ella dieron cuenta dos participantes directos y comprometidos, en documentos de muy diverso carácter, escritos desde perspectivas mutuamente antagónicas, a una distancia de casi medio siglo, y destinados a muy distintos fines y lectores. En orden cronológico de redacción, el primero de estos textos es la *Relación o extracto de una carta que escribió Diego Velázquez, Teniente de Gobernador de la Isla Fernandina (Cuba), a S.A. sobre el gobierno de ella. Año de 514.* En ella, a más de describirle brevemente al rey Fernando el desarrollo de los acontecimientos, el autor pone especial énfasis en subrayar lo atinado de su gestión a lo largo de todo el proceso de ocupación de la Isla y los beneficios de diverso orden que esta empresa le reportará a la Corona (véase Velázquez 1971). El segundo de estos textos lo constituyen los capítulos del 21 al 32 del libro III de la *Historia de las Indias,* escrita por fray Bartolomé de las Casas muchos años después de que participara en la conquista de

---

[6] Para una revisión total de fuentes e interpretaciones en torno al matrimonio y oportuna viudez de Cortés, véase Martínez 1990: 404-406 y 545-567.

Cuba: al parecer entre 1527 y 1560, aproximadamente, en distintos momentos a los que quizá correspondieron diferentes versiones que el acceso progresivo a nuevos documentos le iba permitiendo enriquecer (Saint-Lu 1986, vol. 1: xix-xxix); y aunque su finalidad explícita, como la de toda su obra, era la de dar a conocer la verdad «para el bien de los indios y de España», sin embargo al entregar sus libros al Colegio de San Gregorio de Valladolid, y por razones que no han podido establecerse con certeza, rogó a su rector que sólo se autorizara la lectura o impresión de su *Historia...* cuarenta años después (Saint-Lu 1986, vol. 1: xxv-xxvii, nota 13).

Tanto en la *Relación* de Velázquez como en la *Historia* de Las Casas aparecen, con distinto tratamiento y noticias, las dos españolas con que se encontraron los conquistadores en la Isla, esas náufragas que este trabajo aspira a rescatar. Porque fue Las Casas quien las vio primero, comenzaré por su texto, en grande y elocuente medida autobiográfico.

Designado por Diego Velázquez para que aconsejara y refrenara al impetuoso Pánfilo de Narváez, jefe del grupo encargado de ocupar la Isla por tierra, Las Casas avanzaba junto con éste por la región central cuando se recibieron noticias de que en «la provincia de la Habana» tenían los indios a tres españoles: dos mujeres y un hombre, a los que mandó a traer el padre «de miedo no los matasen» (Casas 1986, vol. III: 119). Pocos días después, estando en su espera en una paradisíaca aldea suspendida sobre el agua, se presenta ante sus ojos una escena que Las Casas describe con énfasis edénico que recuerda numerosas páginas de los diarios de Colón: vieron llegar una gran canoa,

> en la cual venían las dos mujeres, desnudas, en cueros, como las parieron sus madres, con ciertas hojas cubiertas solamente las partes que suele siempre cubrir la honestidad: la una, era de hasta cuarenta años, y la otra, de obra de diez y ocho o veinte cuando más. Verlas no era menos

que si se vieran nuestros primeros padres Adán y Eva cuando estaban en el Paraíso terrenal. Luego el padre clérigo pidió a los españoles, lo primero, camisas con que se cubrieran las carnes, y después, de capas y sayas que dieron, se les hicieron faldillas y mantos, como mejor se pudieron remediar. Grande alegría causó su venida en todos por verlas salvas y entre cristianos, y ellas no se hartaban de dar gracias por ello a Nuestro Señor. No desde a muchos días, trató el padre de casarlas, y así se casaron ambas con dos hombres de bien, de los que allí andaban, que se concertaron. (Casas 1986, vol. III: 119-120)

A continuación el protagonista/narrador, contrapunteando pasado y presente de la historia, refiere en discurso indirecto lo sustancial del relato de ellas, intercalando sus propios comentarios: habían llegado con un grupo de españoles a un puerto «que por este caso se llamó a lo que creo, de Matanzas», donde los indios ahogaron a la mayor parte de los hombres y conservaron a las dos mujeres. Los siete que sabían nadar fueron esperados en tierra y, después de entregadas sus espadas, ahorcados de una *ceíba*, «la *i* luenga», por orden del cacique, «pues bien debía de saber cuánto daño solían hacer en los cuerpos desnudos las espadas» (Casas 1986, vol. III: 120). A esta reflexión sigue una de las habituales digresiones del autor, casi de la misma extensión que la del suceso reportado, destinada a sostener la defensa de los indios pese a lo acaecido[7]. Como este excurso nada tiene que ver con las mujeres, el padre, al retomar la historia de ellas, alude a su desvío: «Tornando al propósito» y, de paso, establece claramente la distancia entre el momento –o los momentos– de la escritura[8] y el momento

---

[7] Las Casas, ante el peligro de que los españoles tomen como excusa para su violencia contra los indios un hecho como éste, los exhorta a recordar el trato bondadoso que ellos dieron a otros náufragos llegados a las costas cubanas, como «Hojeda, Anciso y Sebastián de Campo» [sic].

[8] Como se observa al inicio del texto citado, parece que éste no fue escrito en uno, sino al menos en dos momentos, con una versión primera, correspondiente a la etapa en que comenzó a escribir su *Historia* en Puerto de Plata, la Española,

de la experiencia de lo que se relata; entre el joven protagonista que fue entonces y el anciano historiador que ahora es:

> no me pude acordar cuando esto escribía si les preguntamos, y de creer es que sí, en qué compañía o debajo de qué capitán o de dónde venían éstos con estas mujeres; finalmente, lo que de ello supimos llevádomelo ha el olvido. (Casas 1986, vol. III: 120-121)

La narración abandona a las mujeres para concluir reseñando el viaje a la Habana en busca del náufrago superviviente. Cuando finalmente llegan a su destino, se topan con el cacique que, avisado por los mensajeros de los conquistadores, trae al cristiano de la mano, porque lo tenía como a un hijo:

> El español ya casi no sabía hablar nuestra lengua, sino en la de los indios hablaba las más palabras; sentóse luego en el suelo como los indios y hacía con la boca y con las manos todos los meneos que los indios acostumbraban [...] Creo que se entendió dél que había tres o cuatro años que allí estaba; y después, algunos días andados, que de su lengua y nuestra materna se iba acordando, daba larga relación de las cosas que por él habían pasado. (Casas 1986, vol. III: 122)

La *Carta* de Velázquez coincide en mucho con lo dicho por Las Casas de los náufragos, pero difiere en más. En primer lugar, porque salvo al final, todo lo que el Adelantado sabe de los náufragos es de modo indirecto, a través de lo que otros le han referido; y en segundo lugar, porque lo que más le interesa es destacar ante el Rey la importancia de su rescate, ya que de ellos podría lograr información

---

después de 1527, y otra posterior, en la cual, ya en España, unos treinta años más tarde y teniendo a su disposición la documentación de Colón, enriquece y revisa lo anteriormente redactado, véase Saint-Lu 1986, vol. 1: xx. El pasaje al que nos referimos podríamos acotarlo así: «[ahora digo] que no me pude acordar [entonces] cuando esto escribía [...]».

relacionada con dos aspectos fundamentales de la Conquista: el castigo ejemplar de quienes les opusieran resistencia y la obtención del oro. De este modo, le comunica primeramente al Rey que se había esforzado por lograr que los cautivos fueran liberados «porque dellos se sabría el mal y daño que los indios avian fecho y los cristianos que avian muerto». Pero de lo que más se preocupa, sin duda alguna, es de que se interrogue a las mujeres «para saber dellas si donde abian estado presas abia oro» (Velázquez 1971: 68). Hecho esto, ellas responden

> demas de otras cosas, que no sabian que lo obiese, pero que muchas veces avian visto a los indios de la dicha provincia estar a la orilla de un rio donde se ivan a labar, tener encima de unas piedras grandes algunos granos de oro, y con otras piedras, dandoles encima, les hacian guanines; y que creian que lo sacaban de aquel rio, porque lo habian visto buscar en él. (Velázquez 1971: 68)

En consecuencia –prosigue Velázquez informándole al Rey– sus hombres partieron cuanto antes hacia La Habana «con las dichas mugeres; porque los llevasen a el rio donde avian visto buscar el oro» (Velázquez 1971: 68); y no para rescatar al español que quedaba en poder de los indios, como dice Las Casas (Casas 1986, vol. III: 121-122). Al salir a su encuentro un cacique, las mujeres lo reconocieron «e dixeron cómo era el más principal de toda la provincia, e que él y los más que con el venian eran los que en el dicho ancon abian muerto a los cristianos que con ellas vinieron de Tierra Firme». Amonestado el cacique según las instrucciones de Velázquez y habiéndosele ofrecido los beneficios de servir al Rey y conocer al verdadero Dios, se le pide que, a cambio, les permita buscar oro: «y vieron el dicho río donde las mujeres dixeron que sacavan oro, y sacaron muestras aunque en muy poca cantidad» (Velázquez 1971: 69).

Pocos días después se produjo el primer encuentro de los españoles con el náufrago, que en este texto tiene nombre: García Mexía; el cual, trasladado junto con las mujeres a la localidad de Manzanilla

—situada en la región central del litoral sur de la Isla e identificada por unos autores como Trinidad y por otros como Jagua (Artiles 1946: 14)–, habló personalmente con Velázquez a fines de 1513. Interrogado acerca de qué les había ocurrido, narró con lujo de detalles toda una larga historia de vicisitudes[9], resumida y reportada en estilo indirecto por el Adelantado en la versión de su carta que conocemos, la cual, como lo indica el título con que se publicara, es a su vez un resumen elaborado en el mismo estilo.

Este relato, que en algunos aspectos parece contradecirse con otras fuentes y con el destino ulterior y muy bien conocido de alguno de los personajes que nombra[10], nos informa que el narrador y sus acompañantes provenían de la provincia de Urabá, en Tierra Firme, donde los cristianos habían pasado tantas necesidades que determinaron regresar a la Española. Tras haberse separado y perdido uno de los dos bergantines en que zarparon, el otro llegó con parte de sus pasajeros, pues algunos habían muerto de hambre durante la travesía, a Guaniguanico, en el extremo occidental de Cuba, y desde allí, deteniéndose con más o menos suerte en distintos pueblos, se habían dirigido hacia el este, y al pasar de Guanyma, un pueblo de

---

[9] Recuérdese que Las Casas cuenta que cuando el náufrago recuperó el uso de la lengua materna, «daba larga relación de las cosas» que le habían sucedido (Casas 1986, vol. III: 122).

[10] Dice la nota con que Hortensia Pichardo comenta este pasaje: «García Mexía había olvidado los sucesos ocurridos, o Velázquez y sus compañeros no supieron interpretar el relato de aquel desdichado. García Mexía no pudo venir a Cuba en el navío de Pizarro porque cuando Pizarro salió de Urabá tuvo que refugiarse para huir del mal tiempo en Cartagena, donde se encontró con el barco de Enciso que llegaba con auxilios para Alonso de Hojeda; Pizarro se unió a Enciso. Sus empresas posteriores son demasiado conocidas». Y concluye remitiendo al vol. II de la *Historia de las Indias* de Las Casas, donde se trata en extenso la conquista del Darién. Véase Velázquez 1971: 75, nota 20.

La Habana donde habían sido bien recibidos[11], a otro, se produjo la muerte de todos, menos de él y de las dos mujeres, que quedaron en poder de los caciques (Velázquez 1971: 72).

¿Quiénes fueron estas náufragas? ¿Podremos restituirles de algún modo su identidad? ¿Por qué se silencian sus nombres, y se olvida o se omite lo que narran? En algún sentido, aunque sea negativo, los escasos datos aportados por la demografía histórica en relación con el número y las características de las emigrantes españolas en el siglo XVI pueden orientarnos en la búsqueda de respuestas a las preguntas que nos formulamos. Así, por una parte, si su destino había sido el mismo de García Mexía, ellas habrían estado cuando menos desde el año 10 en Cuba –ya que él decía haber pasado tres o cuatro años en la Isla–, y esto nos obligaría a considerar tres hipótesis: a) que se encontraban entre las diecisiete mujeres de las que hay constancia de que viajaron a las Indias en 1509 y 1510, y de las cuales, salvo en el caso de las que vinieron con Diego Colón, prácticamente lo único que se sabe es esto; b) que se encontraban entre las que viajaron en los mismos años, pero que no han dejado rastros en los registros; c) o que habrían llegado antes de 1509 a la Española y formado parte de la pequeña población femenina de esa isla, no recogida en ningún documento. Los resultados parecen, de momento, nulos. Pero contribuyen a movernos en otra dirección. Si no se recuerdan sus nombres,

---

[11] Según Le Riverend (1960: 7), «Guanyma» podría ser Canímar, situado junto a la bahía de Matanzas, lugar al que el náufrago no se refiere en la versión de sus palabras que nos llegan a través de Velázquez, porque con toda certeza ese nombre no se le otorgó entonces, sino mucho después, cuando se identifica con el sitio de la ya famosa «matanza». Velázquez, al referirse a los hechos, tampoco llama a la bahía por este nombre, sino que sólo se refiere a un «ancón» innominado (Velázquez 1971: 69). Por otra parte, como también indica Le Riverend (1960: 9), lo que tanto Las Casas como Velázquez denominan «la provincia de la Habana», se identifica con la llanura o «sabana» que se extiende en dirección al oeste, desde el centro de la Isla hasta las montañas del extremo occidental, en la que se encuentran las actuales provincias de Matanzas y La Habana.

es porque seguramente no pertenecían a las capas acomodadas, no habían venido entre las «dueñas e doncellas» del séquito de María de Toledo, ni eran esposa o hija de algún señor principal, jefe o funcionario de una de las expediciones que en el 8, el 9 y el 10 salen para el Darién; sino que formarían parte de esa mayoría de mujeres pobres y dispuestas a correr riesgos, que en número tan crecido intentaron alcanzar un destino mejor en el Nuevo Mundo. Ello explica también por qué, inmediatamente después de su rescate, se casaron con «dos hombres de bien, de los que allí andaban», ya que si hubieran pertenecido a capas superiores habrían merecido maridos de rango social más elevado. Desde una perspectiva estrictamente demográfica, la celeridad del matrimonio –a la que volveremos a referirnos al abordar nuestro tema desde otro punto de vista– parece explicarse por la alta proporción de hombres que existía entre los emigrantes –de 1509 a 1559, constituían el 90 por ciento–, lo que hizo de éste uno de los tópicos favoritos de la misoginia de algunos cronistas. Como dice Fernández Duro, por ejemplo: «El historiador coplero Juan de Castellanos menciona repetidas veces la escasez de españolas, por lo cual la más fea o la más vieja encontraban fácil y pronto acomodo» (Fernández Duro 1902: 171).

Pero estas no son las únicas y pobres respuestas que podemos hallar, ni el único acercamiento posible. A lo que sabemos, nuestras náufragas son las primeras españolas indianizadas de las que se poseen noticias. Tienen como antecedentes, casi contemporáneas, a esas cautivas de los moros que conocemos en la literatura castellana; y como sucesoras casi inmediatas, a las dos blancas también procedentes del Darién que van a parar a las costas de Yucatán junto con Gonzalo Guerrero y Jerónimo de Aguilar, como nos informa brevemente Díaz del Castillo (1984: 64-65); y se continúan, a lo largo de los siglos y los conflictos de frontera, en las cautivas de los indios, por ejemplo, de la Pampa, que hallamos como tema frecuente en la literatura y la pintura argentinas (Iglesia 1987: 11-88).

Desde siempre, toda situación bélica ha producido cautivos que sirven como alimento, como esclavos o como instrumentos de negociación. Pero la cautiva es, además, una figura erótica. En palabras de Cristina Iglesia,

> Ese erotismo se elabora con componentes complejos. Del lado de los propios, la cautiva es la mujer que provoca el amor del enemigo, la que puede llegar a amarlo, la que quizá pueda también llegar a amar una tierra que no es la suya. Se trata de algo peligroso, difícil de conjurar porque el carácter forzado del rapto siempre está teñido de culpabilidad, de incitación y, por lo tanto, la cautiva se convierte en modelo de un deseo de lo otro que no puede explicitarse pero que puede expandirse y debe, por lo tanto, reprimirse socialmente. Del otro lado, del de sus raptores, sea amada o despreciada, será siempre alguien que puede traicionar, alguien que espía, que mira con ojos diferentes y por eso, el lugar simbólico de la delación. (Iglesia 1992: 557-558)

Esta compleja asunción de la condición de las cautivas contribuye a explicar, por una parte, el absoluto mutismo de las fuentes en relación con la vida de estas náufragas entre los indios; silencio que contrasta grandemente con el espacio dedicado a referir la grotesca indianización de García Mexía o, en Díaz del Castillo, la mucho más humana y consciente incorporación a la comunidad indígena de Gonzalo Guerrero. Como en el título de la película de María Luisa Bemberg, parece que «de eso no se habla»; es más, se olvida —«lo que de ello supimos llevádomelo ha el olvido», dice Las Casas—, o se omite —«dixeron demas de otras cosas», afirma Velázquez, sin contarnos cuáles fueron estas.

Por otra parte, el ambiguo estatuto de las cautivas también permite comprender las premuras por borrar en ellas las marcas de lo pasado, y traerlas de nuevo a este lado de la frontera. Vestir al desnudo —bien lo supo la Ersilia Drei de Pirandello— no es sólo un generoso dictado bíblico que orienta un acto de caridad, sino sobre todo la sujeción a un código, un acto de control ejercido tanto por el sacerdote como por los soldados que ceden rápidamente sus escasas ropas para cubrirlas. Como se sabe, en el tránsito de una condición –de género, de clase, de raza o etnia– a otra, el vestido tiene una importante significación. En *Cecilia Valdés*, por ejemplo, el negrero Cándido Gamboa logra salvar lo que queda de un cargamento de esclavos traídos de África, haciéndole llegar al capitán del barco ropas con que vestir a los desnudos negros. Gracias a ello, «la inspección dirá que no pueden ser *bozales* provenientes de África, sino *ladinos* en traslado de una colonia española a otra, y podrán desembarcarlos» (Bottiglieri 1990: 43-44). El matrimonio, por supuesto, también es otra forma de control y dominación, que en este caso, además, tiene una significación quizá mayor, puesto que restituye la honra no sólo de las afectadas, sino del grupo. «El honor sexual» –dice Patricia Seed–, «aun cuando era propiedad de las mujeres, también concernía a los hombres [que] podía[n] quedar deshonrado[s] por la revelación pública de las actividades sexuales de [ellas]» (Seed 1991: 91).

Sin embargo, a pesar de todo el interés por borrarles su pasado entre los indios, cuando ambos autores las describen o cuentan lo que ellos han hecho o les han dicho, inconscientemente colocan un signo de igualdad entre las españolas y las indias, evidenciando la pareja condición de subalternas que les asignan y desvelando los profundos lazos existentes entre las relaciones de género y las de raza. Si en el texto de Las Casas –como decíamos antes– tanto el ambiente edénico, la fervorosa descripción del entorno natural en que se producen los hechos, como el referente paradisíaco que se emplea para explicarlos evocan a Colón, la descripción de las náufragas en la canoa parece escrita por el padre sobre una página del primer viaje del Almirante, cuando Cuba y sus habitantes acababan de ser «descubiertos»:

> desnudos todos, hombres y mujeres, como sus madres los parió. Verdad es que las mujeres traen una cosa de algodón solamente tan grande que les cobija su natura y no más. (Colón 1971, vol. I: 14)

De igual modo, el hecho de procurarles ropas recuerda pasajes semejantes en los que Colón refiere haber vestido a las indias:

> y así truxeron la muger, muy moca y hermosa a la nao, y habló con aquellos indios, porque todos tenían una lengua. Hízola el Almirante vestir y diole unas cuentas [...]. (Colón 1989: 78-79)

Por otra parte, la pregunta de si había oro, que los hombres de Velázquez hacen a las náufragas tan pronto como las encuentran, parece hasta tal punto haberse convertido desde muy temprano en un símbolo de la brutalidad de las relaciones de los conquistadores con los indios que tanto Las Casas como Díaz del Castillo subrayan irónicamente su formulación por parte de Francisco Hernández de Córdoba (Casas 1986, vol. III: 351) y de Diego Velázquez (Díaz del Castillo 1984, vol. I: 20) en un contexto tan lleno de interés por multitud de razones –se trata del «descubrimiento» de Yucatán–, que otras preguntas y preocupaciones, como sugieren ellos, habrían resultado mucho más inteligentes, apropiadas y, en última instancia, productivas.

Coda mexicana[12]

Alguien que no participó en la conquista de Cuba, pero que anduvo por ella pocos años después y convivió en otras tierras con muchos de los primeros españoles que la poblaron, ha dado una versión de los hechos relacionados con nuestras náufragas que, al

---

[12] Debo las pistas que condujeron mi búsqueda más allá de las costas de la Isla, a la ponencia de Juan Francisco Maura sobre las mujeres que participaron en la conquista de México, presentada en el coloquio «El sujeto colonial femenino», celebrado en abril de 1995 en la Casa de las Américas, al cual sometí la parte de este trabajo que antecede a la que ahora comienzo.

tiempo que introduce elementos conflictivos que parecen contradecir lo conocido, abre una interrogante tan novelesca en el futuro de las que hemos dejado vestidas, casadas y reducidas a las rutinas de la vida doméstica que no podemos resistir la tentación de intentar hallar para ella alguna respuesta, por más atareada que resulte esta indagación.

Díaz del Castillo, el soldado que en su vejez se convirtió en cronista para salirle al paso a la falsedad con que los letrados escribían la historia que no habían vivido y a la exageración con que exaltaban las figuras de los jefes en desmedro de las acciones no menos valerosas de los demás conquistadores, parece haber puesto en limpio en 1568 la versión final de su *Verdadera historia de la conquista de la Nueva España*. En sus primeras páginas cuenta que atravesó el océano en 1514 con la expedición de Pedrarias Dávila y que, como muchos otros españoles, descorazonado y abrumado por los inconvenientes y desgracias de la empresa del Darién, pidió pasar a Cuba, que entonces estaba poblándose. En 1517 participa gozoso –ha pasado tres años en Indias sin obtener ninguna ganancia– en la expedición de Francisco Hernández de Córdova que explora la costa sudoriental de México, y tras múltiples peripecias regresa a Cuba, donde en 1518 se incorpora como alférez a las fuerzas que Diego Velázquez envía a Yucatán bajo el mando de Juan de Grijalba. Al referir el rumbo seguido por las naves de éste, dice que llegan a «un puerto que se dice de Matanzas» (Díaz del Castillo 1984, vol. I: 25) y de inmediato refiere por qué lo llamaban así[13]. Su narración no se aleja demasiado de lo que sabemos en la parte del naufragio y del castigo que dan los indios a los españoles que conducen en sus canoas. Pero en lo que sigue discrepa

---

[13] Es interesante resaltar que en este capítulo Díaz del Castillo en más de una ocasión incorpora comentarios destinados a evidenciar su saber tanto acerca de cómo se escribe la historia como de los hechos que narra, para de este modo legitimar su relato. En relación con el nombre de Matanzas, que es lo que vincula su *Historia* con nuestras páginas, dice «esto traigo aquí [...] porque me lo ha preguntado un coronista» (1984, vol. I: 25).

ampliamente de Las Casas y de Velázquez en lo que al número de los náufragos se refiere, pues dice que de aquella «matanza»

> no quedaron sino tres hombres y una mujer, que era hermosa, y la llevó un cacique de los que hicieron aquella traición, y los tres españoles repartieron entre sí[14]. (Díaz del Castillo 1984, vol. I: 25)

Por otra parte, es de destacar el hecho de que esta narración incorpora un elemento ausente en las anteriores: la hermosura de la mujer, que en la escueta economía del relato parece ser la causa de que el cacique la tomara, lo que trae a la superficie, con la mayor naturalidad, como sucede siempre en Díaz del Castillo, no sujeto a códigos propios de otras clases sociales, algo que había quedado cuidadosamente oculto en los textos del padre y del Adelantado: la dimensión erótica del cautiverio femenino, con todas sus implicaciones para la honra de los españoles.

Pero de inmediato, poniendo una vez más su propia experiencia como piedra de toque –una experiencia que se adivina incentivada por la morbosa curiosidad que despierta el pasado de ella–, afirma:

> Yo conocí a la mujer, que, después de ganada la isla de Cuba, se quitó al cacique de poder de quien estaba, y la vi casada en la misma

---

[14] Entre los tres náufragos a los que se refiere Díaz del Castillo está un Gonzalo Mejía, «viejo», que participará en la conquista de México y llegará a ser el Tesorero de Cortés. Me parece de todo grado imposible su identificación con el García Mexía que nos presentan Velázquez y Las Casas, el cual, sobre todo en el texto de este último, aparece como un hombre al que el cacique que lo tenía lo podía considerar como un hijo, es decir, como un hombre joven. Deben de haber sido dos vecinos de Trinidad que el cronista confunde por el parecido de sus nombres. Los otros dos pueden ser supervivientes de los naufragios que se produjeron por estos años en las costas del sur de Cuba, adonde fueron a dar varios de los navíos que regresaban del Darién.

isla de Cuba, en una villa que se dice Trinidad, con un vecino della que se decía Pedro Sánchez Farfán[15]. (Díaz del Castillo 1984, vol. I: 25)

Y este nombre, presente en otras páginas y otros escenarios de la *Verdadera historia* de Díaz del Castillo, le abre un nuevo horizonte a una de nuestras náufragas; pero, ¿a cuál?

La única información y, al mismo tiempo, la única diferencia reportada por Las Casas en cuanto al físico de las náufragas, es la edad: «la una, era de hasta cuarenta años, y la otra, de obra de diez y ocho o veinte cuando más» (Las Casas 1986, vol. III: 119). ¿Qué relación podría existir en esa época –de haber existido alguna– entre la edad y la belleza? ¿Sería proporcionalmente inversa, como lo es hoy: a más edad, menos belleza? ¿Cuán «vieja» era entonces, cuando la esperanza de vida era reducidísima, una mujer de cuarenta años? Estas preguntas podrán hacerse más relevantes cuando lleguemos al final de nuestra lectura de Díaz del Castillo.

Según nos cuenta el soldado cronista, este Pedro Sánchez Farfán, marido de la náufraga y cautiva rescatada, fue uno de los hombres de la villa de Trinidad que se unió a la expedición de Hernán Cortés en febrero de 1519 (Díaz del Castillo 1984, vol. I: 49). No volvemos a tener noticias de él hasta pasados dos años, cuando se está preparando el ataque definitivo contra Tenochtitlan. Entonces dice Díaz del Castillo que Cortés «puso por capitán de Tezcuco [...] a un buen soldado que se decía Pedro Sánchez Farfán, marido que fue

---

[15] Como dijimos arriba, Manzanilla, el sitio al que se conduce a los náufragos a fines de 1513 para su entrevista con Velázquez, ha sido identificado por algunos autores con Trinidad, lo que hace verosímil que una de las mujeres se quedara viviendo allí. Por otra parte, no deja de ser de interés el hecho de que una novela de Tomás Álvarez de los Ríos, que tematiza la vida campesina en la zona de Trinidad a mediados del siglo XX, tenga como protagonistas a unas mujeres *de apellido Farfán*, a quienes, como dice la narradora: «desde que el mundo es mundo [...] les han pasado las cosas más raras». Véase Álvarez de los Ríos 1989: 106.

de la buena y honrada mujer María de Estrada» (Díaz del Castillo 1984, vol. I: 342). Y así parece desvelarse súbitamente la identidad de la náufraga, pues la hermosa mujer que el autor viera en Trinidad, casada con este, a lo sumo cuatro o cinco años atrás, y María de Estrada serían la misma persona. Pero de ella ya Díaz del Castillo nos ha hablado antes, y también lo hará después, como igualmente lo hacen otros cuatro cronistas.

Siguiendo estrictamente la cronología de los hechos, María de Estrada comparece por primera vez en las relaciones de la conquista de México, en las páginas de *La historia de Tlaxcala*, de Diego Muñoz Camargo, y la *Monarquía indiana*, de fray Juan de Torquemada, donde ambos refieren que el 30 de junio de 1520, cuando los españoles son forzados a abandonar Tenochtitlan, ella peleó con espada y rodela «con tanta furia y ánimo, que excedía al esfuerzo de cualquier varón» (Muñoz Camargo 1892: 220-221), «como si fuera uno de los más valientes Hombres del Mundo» (Torquemada 1986, vol. 4: 504). Por su parte, Díaz del Castillo, que nada dice de lo anterior, al rememorar los sucesos de la noche triste y las cuantiosas pérdidas sufridas por los españoles en la retirada de Tenochtitlan, se refiere a los supervivientes y habla «[d]el contento que recibimos de ver viva [...] también una mujer que se decía María de Estrada, que no teníamos otra mujer de Castilla en México sino aquella» (Díaz del Castillo 1984, vol. I: 309). María de Estrada vuelve a aparecer poco después, en *La historia de* Tlaxcala, en el relato de la batalla de Otumba (10 de julio de 1520), «donde peleó con lanza a caballo» también muy valerosamente (Muñoz Camargo 1892: 227).

Más adelante, en las semanas que preceden al sitio de Tenochtitlan, iniciado el 30 de mayo de 1521, la encontramos en el texto ya citado en que Díaz del Castillo refiere que Pedro Sánchez Farfán, «marido que fue de la buena y honrada mujer María de Estrada», fue nombrado capitán de Tezcuco; y en la *Crónica de* la Nueva España, de Francisco Cervantes de Salazar, y la *Historia general...*, de Antonio de

Herrera, donde se citan las palabras con que ella rechaza la decisión de Cortés de que las mujeres se queden en Tlaxcala:

> No es bien, señor Capitán, que mujeres españolas dexen a sus maridos yendo a la guerra; donde ellos murieren moriremos nosotras, y es razón que los indios entiendan que somos tan valientes los españoles que hasta sus mujeres saben pelear. (Cervantes de Salazar 1971: 166)[16]

Pero Díaz del Castillo, que no ha dado cuenta en ninguna ocasión de las hazañas «varoniles» de María de Estrada, ni ha reportado su enardecido discurso en defensa de la participación de las mujeres en hechos de guerra, cuando vuelve a hablarnos de ella es para introducir el desconcierto en nuestra búsqueda, pues al narrar la celebración a la que se entregan los españoles después de la toma de Tenochtitlan, refiere que en la fiesta participaron mujeres españolas y entre ellas: «primeramente la *vieja* María Estrada, que *después* casó con Pero Sánchez Farfán» (Díaz del Castillo 1984, vol. II: 90, nota 3; las cursivas son mías). Y esto podría llevarnos otra vez a un punto muerto, pues si fue «después» del 13 de agosto de 1521 que Pedro Sánchez Farfán se casó con María de Estrada, ésta y la náufraga con la que él se había casado en Cuba no pueden haber sido la misma persona.

Sin embargo, aceptar lo anterior implicaría dar como válida una información que no sólo se contradice con lo dicho por el propio Díaz del Castillo en capítulos precedentes: que Pedro Sánchez Farfán estaba casado (capítulo 8) y que su mujer era María de Estrada (capítulo 137); sino también con las palabras que tanto Cervantes de Salazar como Herrera ponen en boca de María de Estrada antes del sitio y toma de Tenochtitlan y las cuales pronuncia precisamente porque es una mujer casada cuyo marido está junto con ella en

---

[16] Las palabras con que Herrera reporta esta intervención de las mujeres son prácticamente idénticas; véase Herrera 1945: 73.

México. Además, no debe subestimarse el hecho de que el texto de Díaz del Castillo en que se narra la fiesta posterior a la toma de la ciudad, es decir, el texto en que dice que Pedro Sánchez Farfán se casó *después* con María de Estrada, está *tachado* en el manuscrito, lo que puede indicar, entre otras cosas, que al ser desechado por el autor, no fue revisado por él y que, en consecuencia, la información que suministra no tiene el grado de rigurosidad que podría atribuírsele a la que incorporó definitivamente a su obra tras someterla al filtro de su escrutinio final.

Por otra parte, sería necesario considerar si María de Estrada *pudo* ser, al mismo tiempo, la esposa de Sánchez Farfán y una de las náufragas encontradas en Cuba en 1513 por los hombres de Velázquez, las cuales habrían llegado posiblemente a la Isla en 1509 o 1510; y, además, cuál de las dos pudo haber sido, la de cuarenta o la de dieciocho o veinte años. A desentrañar esto último contribuye el texto de Díaz del Castillo que por otras razones hemos desestimado, pues la llama «vieja», lo que nos induciría a pensar que podría tratarse de la náufraga de más edad. Para intentar otras precisiones será necesario dejar de lado a los cronistas y dirigirnos a otras fuentes.

De acuerdo con el *Índice* de Boyd-Bowman, María de Estrada sería natural de Sevilla y hermana de un Francisco de Estrada que viajó a Santo Domingo con Diego Colón. La presencia de Francisco en la Española está confirmada desde 1508, aunque quizá ya hubiera viajado a las Indias en 1502, como grumete, en el cuarto viaje de Colón. En 1512, vivía en Santo Domingo y en 1519, cuando se vuelve a saber de él, ya está en Cuba. En 1520 fue a México con los hombres de Pánfilo de Narváez, y participó en la conquista de la ciudad. Tuvo encomiendas, y para 1547 ya había muerto (Boyd-Bowman 1964: 117). Esta información nos permite suponerle a María un temprano arribo a Santo Domingo, donde su hermano residía, al menos, desde 1508, y adonde podría haber viajado con él. El hiato abierto en esta precaria biografía entre 1508 y 1519, año en que las fuentes de Boyd-Bowman le permiten afirmar que María se encuentra en Cuba (Boyd-Bowman 1964: 117), puede llenarlo fácilmente la imaginación a partir de los datos suministrados por Las Casas, Velázquez y Díaz del Castillo: ella habría ido con su hermano o con su marido –pues podría haber estado casada– al Darién y, dadas las penurias allí padecidas, habría formado parte del grupo que decide regresar a Santo Domingo y que naufraga en el extremo occidental de Cuba, con el resultado que conocemos. Si fue con el hermano al Darién, este pudo haber permanecido más tiempo allá y regresado después. Si fue con el marido, éste seguramente habría muerto. Tras su rescate se casaría con Pedro Sánchez Farfán, quien según Boyd-Bowman también era sevillano y se encontraba en las Indias desde 1513 (Boyd-Bowman 1964: 132). En 1519, como hemos visto que dice Díaz del Castillo, su marido formó parte del contingente que llevó Cortés a la conquista de México. Pero María y su hermano fueron con las fuerzas de Pánfilo de Narváez (Boyd-Bowman 1964: 117; Dorantes de Carranza 1902: 392, 402). Posteriormente, tras la muerte de Sánchez Farfán, que fue regidor entre 1525 y 1527 y tuvo por repartimiento el pueblo de Tetela, cercano al volcán Popocatépetl, María se volvió a casar con Alonso Martínez, partidor y también sevillano, y vivió con él en la ciudad de Puebla de los Ángeles hasta el fin de sus días (Boyd-Bowman 1964: 132; Icaza 1923, vol. II: 204; Muñoz Camargo 1892: 220-221).

Desde el punto de vista de la información de que disponemos parece que ambas vidas, la de la náufraga «vieja» y la de María de Estrada, pueden continuarse, reunirse en una sola. ¿Será posible, yendo más allá de fechas, viajes y relaciones familiares en apariencia coincidentes, encontrar una coherencia psicológica entre estas dos mujeres? Si atendemos a los rasgos comunes que en la descripción de los actos y en la caracterización de María de Estrada presentan los textos de los cinco cronistas que hablan de ella, hay elementos que pueden entrelazarse y conformar un patrón de conducta que puede hallar una motivación en la experiencia de la náufraga, de la cautiva. Sobresale, en primer lugar, su deseo explícito y probado en la práctica de estar junto a los hombres, al contingente mayor, aun en el combate; de no quedar aislada, de no permanecer entre los indios. Díaz del Castillo dice que fue la única castellana que estuvo en Tenochtitlan, pero sabemos que entonces había más mujeres españolas en México ([Orozco y Berra, Manuel] 1964: 386), y si no se encontraban allí, podría ser porque las habrían dejado para su seguridad fuera de la ciudad. Cervantes de Salazar y Antonio de Herrera, por su parte, refieren la oposición de María de Estrada a la orden de Cortés de dejar a las mujeres en Tlaxcala, es decir, entre indígenas circunstancialmente aliados, mientras los hombres se dirigían al sitio de Tenochtitlan; y reproducen su discurso, muy sabiamente estructurado a partir de una estrategia que apela a los más altos valores de la moral patriarcal: el honor y la patria, y a su sustentación por la unidad de la pareja, de la mujer junto al hombre; lo que en realidad parecería traducir un imperioso deseo de encontrarse protegida, rodeada por muchos hombres, y, al mismo tiempo, en batalla frente a los indios. Porque, por otra parte, no deja de ser sumamente significativo el énfasis con que Muñoz Camargo y Torquemada subrayan su excepcional valor en el combate, sólo comparable al de «los más valientes Hombres del Mundo» (Torquemada 1986, vol. 4: 504), así como la insistencia con que se refieren a la «furia», «que a los propios nuestros ponía espanto» (Muñoz Camargo 1892: 220-221), con que «se entraba por los enemigos» (Torquemada 1986, vol. 4: 504), de lo que podría inferirse que actuaría de un modo tan agresivo e irracional como el que se describe, movida por un deseo de venganza surgido de su experiencia de cautiva. El reticente silencio del locuaz Díaz del Castillo acerca de este aspecto «espantoso» de su vida y de su personalidad, y los adjetivos con que en alguna ocasión la califica: «la buena y honrada mujer María de

Estrada» (Díaz del Castillo 1984, vol. I: 342), podrían confirmar, por voluntaria omisión, esta hipótesis.

La Habana, 1995[17]

---

[17] Versión ampliada de la ponencia presentada en el coloquio sobre el discurso femenino de la Colonia realizado en la Casa de las Américas en 1995. Publicado en 1994: *Letterature d'America, Rivista Trimestrale dell'Università di Roma* 14 (54): 7-37; y en Campuzano, Luisa (ed.) 1997: *Mujeres latinoamericanas: historia y cultura (siglos XVI al XIX)*. La Habana / México: Casa de las Américas / UAM-I, tomo I, 35-52

Ser cubanas y no morir en el intento.
Estrategias culturales
para sortear la crisis

Nacer es en Cuba, dijo Lezama Lima, «una fiesta innombrable»; pero ver la luz y vivir junto a este «mar violeta [que] añora el nacimiento de los dioses» (Lezama Lima 1970: 84) siempre entraña riesgos y sobresaltos, porque es a la orilla del golfo que nos ciñe, como recuerda Dulce María Loynaz, con una acotación muy propia de la escritura de mujeres, «donde todos los años hacen su misterioso nido los ciclones» (Loynaz 1993: 143).

Haber nacido mujer en Cuba y poco antes de la mitad del siglo xx fue una fiesta multitudinaria, callejera, bulliciosa; con bailes de trajes y figuras, donde encontramos nuestros espacios, nuestros roles y nuestros propios cuerpos a pesar de las ráfagas huracanadas y los vientos cicloneros que nos amenazaban, pero que no pudieron apagar las músicas, ni la alegría de vivir y de hacer. Ahora, sin embargo, una gran tormenta quiere aguarnos la fiesta...

Cuando el ejército de barbudos –con un solo pelotón de mujeres– bajó de la Sierra Maestra en 1959, yo tenía quince años. Ahora tengo más de cincuenta. Mi ciclo fértil, mi largo y cálido verano ha sido la Revolución, que hoy enfrenta, como yo, un proceso, un cambio de vida que debemos conocer para dominar, para conjurar con nuevas estrategias y encaminar con nuevas prácticas. Pero para eso hace falta sobre todo intentar salirse de la embriaguez, del aturdimiento de la gran fiesta y repensarse, reflexionar sobre nosotras mismas, para recuperar de algún modo en nuestro pasado, en lo que de él salva y proyecta la selectiva memoria, un atisbo, una guía para el futuro: los «recuerdos del porvenir».

Puesto que la autoconciencia se reconoce como una de las marcas de la crítica feminista, que suele mostrar la identidad de quien la ejerce e informar acerca de los orígenes del trabajo que asume y el punto de vista desde el que lo aborda, se ha hecho muy común, casi de rigor, comenzar con una anécdota personal, práctica ésta que no sólo encuentra justificación en la máxima de que «lo personal es político», sino también en la convicción muy compartida de que hay que derribar las barreras académicas tradicionales que separan la experiencia profesional de la personal (véase Herndl & Warhal 1993: ix). Para entrar en materia, pues, comenzaré narrando algunas de las estaciones de mi conversión, de mi camino de Damasco, tópico también frecuente en el discurso feminista.

Hace poco más de diez años, a comienzos de 1984, un novelista dado a la producción de personajes femeninos, y dirigente de la sección de literatura de la Unión de Escritores y Artistas de Cuba, me pidió que preparara un trabajo sobre la mujer en la narrativa de la Revolución para un gran congreso promocional que se celebraría en La Habana. Mi corpulenta vanidad profesional me impidió descubrir los móviles obvios de esta invitación, y me puse a laborar febrilmente en un campo virgen al que nadie en veinticinco años le había dedicado ni siquiera una línea, y para el que no me sentía especialmente vocada. Desprovista de sustentación teórica actualizada, puesto que eran los tiempos en que apenas comenzábamos a desandar la etapa de nuestra «indigencia crítica»[1], me valí de Virginia Woolf y ataqué mi tema desde la triple perspectiva con que ella intentara dar respuesta a una demanda similar (véase Woolf 1967). Me ocupé de la mujer en la narrativa escrita por

---

[1] Esta definición la acuñó Juan Marinello para referirse al vacío teórico en que cayó la crítica cubana a fines de los sesenta y en los setenta.

hombres, de la narrativa escrita por mujeres, y de la posición de la mujer en la sociedad en que se producían esos textos; y el resultado fue un largo estudio que llevaba como subtítulo el de «ponencia sobre una carencia», con la evidente y cacofónica intención de subrayar desde el principio las aterradoras conclusiones a las que había llegado: de acuerdo con lo que se leía en los textos de narradores cubanos de ambos sexos, entre 1959 y 1984 en la Isla no había pasado nada notable, contable, novelable, en la vida de las mujeres (véase Campuzano 1984).

Pero lo que me decía mi experiencia personal; lo que argumentaban informes, discursos y folletos; de lo que hablaban los libros de las escritoras de otros países que habían venido a estudiar las transformaciones de la mujer cubana (véase Randall 1972 y Séjourné 1980); lo que veía en el cine documental y en el cine de ficción; lo que se representaba en el teatro, era otra cosa que había pasado inadvertida por la épica, ese gran género de las porras y los mandobles: las mujeres cubanas habían recorrido ya un gran trecho en el camino de su liberación, lo que constituía, sin dudas, una de las grandes hazañas de la Revolución, y era también un logro individual de cada una de ellas; pero esto no aparecía tematizado en los textos narrativos del período ni daba muestras de haber sido concientizado por las autoras y, mucho menos, por los autores.

Tanto el revuelo y la incomprensión que desató mi trabajo entre parte del público del congreso y sus organizadores, como lo que creía haber constatado en él, me llevaron a un estado que llamaría de «perplejidad cultural», pidiéndole prestado a Marlyse Meyer el término que ella creara para explicar la reacción del investigador ante relaciones aparentemente incoherentes entre un fenómeno cultural y el contexto en que se origina (Meyer 1993: 20). Durante años me mantuve alejada de la literatura escrita por mujeres, y cuando inducida por Jean Franco –que en 1988 comprometió a la Casa de las Américas con la organización de un congreso sobre este tema– y presionada por Elena Urrutia –que en 1990 nos ofreció el motivo para realizarlo–, volví a ella, fui a parar directamente al siglo XVIII, no sólo como consecuencia de mi choque inicial con las peculiares condiciones de producción de las narradoras cubanas de los sesenta y los setenta, sino con la intención de, partiendo del rescate de la marquesa Jústiz de Santa Ana, nuestra primera escritora, casi totalmente desconocida, iniciar una recuperación de la memoria y de modelos y ejemplos que nos permitieran crearnos una nueva identidad y contribuyeran al mayor autoconocimiento y a la autoestima de la mujer cubana; y, por otra parte, comenzar a construir las bases de una narrativa histórico-literaria en la cual las escritoras encontraran la visibilidad que en los estudios de nuestra literatura se les ha negado.

Pero aunque mi trabajo personal se inscribe en una exégesis feminista perfilada «como una crítica de desagravio, destinada a la doble tarea de la desmistificación de la ideología patriarcal y a la arqueología literaria» (Franco 1988: 88), lo hace, por supuesto, desde y para la contemporaneidad, y con un objetivo complementario al parecer, pero absolutamente fundamental, que se relaciona con mi trabajo institucional en la Casa de las Américas: el de contribuir a la (re) inserción de la producción literaria femenina cubana posterior a la Revolución en el cuadro de la literatura escrita por mujeres en la América Latina, puesto que, dadas las características únicas de la experiencia cubana, ellas por lo regular han quedado fuera de los estudios generales realizados en el Continente, o apenas han sido consideradas como precursoras o rezagadas en relación con las demás escritoras latinoamericanas, según se las haya abordado con una óptica predominantemente de clase o de género.

Esta aproximación de las literaturas de mujeres cubanas y latinoamericanas ya ha contribuido, en primer lugar, al autoconocimiento de las escritoras cubanas, mediante la dinámica tan enriquecedora del proceso conocer-para-reconocerse, y al estudio de su producción textual; pero, además, podrá ayudar a caracterizar mejor el desarrollo de la mujer cubana integrando esta imprescindible dimensión cultural al análisis tradicional basado en información cuantitativa, principalmente estadística y relativa a indicadores tales como demografía, salud, educación, trabajo, legislación y participación sociopolítica.

Los objetivos, pues, de estas páginas, de mi trabajo profesional y mi implicación institucional, así como los de mi vida, atrapada en el momento más crítico de sus coordenadas privada y pública, biológica y espiritual, coinciden, y consisten en tratar de esbozar, siquiera sumariamente, un barrunto de estrategia que contribuya a sortear la tormenta y salvar todo lo salvable y, en primer lugar, a las mujeres cubanas, ya no sólo fuerza reproductora, sino productora, y de la más alta calidad, de la nación.

Como es conocido, la caída del Campo socialista y la desaparición de la Unión Soviética, sus socios comerciales por cerca de tres décadas, llevó a Cuba a comienzos de los noventa a una situación de emergencia económica que ya dura más de un lustro y que ha producido un grave deterioro en todas las instancias de la vida, llegando a evidenciarse un franco retroceso en sectores prioritarios como la alimentación y el empleo, y poniendo en peligro la salud y la educación, consideradas las dos grandes conquistas de la Revolución. Las medidas y esfuerzos dedicados a revertir esta situación y producir una nueva reconversión de la economía cubana –ya hubo otra en los sesenta–, pese a haber logrado a fines de 1993, de acuerdo con apreciaciones de autoridades gubernamentales, detener la caída casi ininterrumpida desde 1990, se han visto constantemente asediados por el recrudecimiento del bloqueo norteamericano, destinado no sólo a hacer aún más difícil el acceso a puertos cubanos del combustible y los insumos que su exigua capacidad de compra le permite adquirir al país, sino también a intentar disuadir a los posibles interesados en comerciar con Cuba o invertir en la Isla.

Tanto esta situación de crisis como la estrategia definida por el Gobierno para enfrentarla, el famoso «Período Especial», producen y exigen respectivamente grandes sacrificios a la población, y en particular a las mujeres, que dadas las características culturales patriarcales del país son las responsables de la atención, en todas sus demandas, de la familia.

Pero como dijera el poeta peruano Carlos Germán Belli, «en cada linaje / el deterioro ejerce su dominio», y pese a los indicios de recuperación económica que comienzan a advertirse a partir de 1994, el retroceso ya no sólo atañe a aspectos tan concretos y mensurables como los antes mencionados, sino que tiene dimensiones morales, políticas y sociales, en general, que resultan aún más dolorosas porque pueden ser irreversibles en la mayoría de los casos, y tienen un grandísimo costo espiritual.

Menos conocido, y colocado en este contexto de carencias y deterioros, altamente paradójico, es el hecho de que también a comienzos de los noventa las mujeres cubanas continuaban mostrando, en relación con las restantes latinoamericanas y, en general, con todo el Tercer Mundo, las más altas proporciones de participación femenina en rubros como la educación superior y el empleo, con importantes índices no sólo cuantitativos, sino también cualitativos; que su calidad de vida era comparativamente la más elevada; y que disfrutaban de una legislación fuertemente antidiscriminatoria, que incluía los tan debatidos derechos reproductivos (véase Gomariz & Valdés 1993).

Paralelamente, desde los últimos años de la década de los ochenta se había evidenciado, dentro de la Federación de Mujeres Cubanas, una tendencia a priorizar los esfuerzos por cambiar los patrones culturales que propician la subordinación femenina y, en especial, la doble jornada, con lo que la organización se hacía eco de las demandas de una membresía compuesta por un número cada vez mayor de profesionales, técnicas y mujeres instruidas, en general, y por otra parte, daba los pasos necesarios para posibilitar el desarrollo de la línea jerarquizada por el III Congreso del Partido en febrero de 1986, que estipulaba la creación de cuotas para la incorporación de jóvenes, negros y mujeres a todas las instancias de dirección política y administrativa del país. Pero esta línea fue abandonada poco a poco, después de que la sesión diferida del propio Congreso, celebrada en diciembre de ese mismo año, estableciera otras prioridades: el desmantelamiento del fracasado Sistema de Dirección de la Economía y el inicio de la que se llamó «etapa de rectificación».

En el IV Encuentro feminista latinoamericano y del Caribe, celebrado en Taxco en 1987, adonde asistió por vez primera una delegación cubana, al preguntársele a una representante de la Federación por qué seguía existiendo un modelo cultural patriarcal en Cuba, esta dijo:

> La cultura popular es tan machista en Cuba como en cualquier otro país latinoamericano. Nuestro discurso con respecto a los problemas de la mujer está cambiando; estamos avanzando y profundizando: tenemos que trabajar con la realidad y deshacernos de viejos esquemas para abrir nuevos caminos. La Revolución cubana no es un proceso terminado, como tampoco lo es el feminismo. (citada por Miller 1991: 236; mi traducción)

En marzo de 1990 se celebró el V Congreso de la Federación de Mujeres Cubanas, para el que la organización se había preparado con especial cuidado. Los temas desarrollados en los documentos que debía debatir y aprobar el Congreso volvían a abordar, pero con mayor énfasis, formas sutiles de discriminación en el trabajo, como la de no promover mujeres a puestos de mayor responsabilidad; o en la política, como la de no elevarlas a posiciones de primer rango; e insistían en señalar los obstáculos existentes para lograr la igualdad, particularmente los debidos a la doble jornada. Pero el Congreso no pudo discutirlos porque otra vez había algo más importante, de mayor prioridad que los problemas de la mujer: la defensa del país y la nueva estrategia económica frente a la desaparición del Campo socialista y la evidente marcha de la Unión Soviética hacia el mismo fin.

Meses más tarde, en las discusiones preparatorias del IV Congreso del Partido celebradas por las instancias provinciales de la organización política, se produjeron severas críticas a la Federación, en las que se sugería su desaparición sobre la base de que duplicaba las funciones de otras organizaciones de masas. Por otra parte, en el Congreso partidista, celebrado en octubre de 1991, y en las elecciones nacionales, provinciales y municipales de 1993, se redujo el número de mujeres electas, aunque pese a ello seguían siendo las cubanas las que, entre las latinoamericanas, tenían más representantes en el parlamento (véase Gomariz & Valdés 1993: 97, 99).

Intentar entender la dinámica de la incorporación y de los avances de la mujer en Cuba al margen de las características excepcionales que ésta tiene en el contexto latinoamericano resulta poco menos que imposible. Digamos, para simplificar, que donde en la historia latinoamericana se lee «la mujer conquistó», en la cubana posterior a 1959 podría leerse «la mujer recibió»; que donde en la primera se dice que la mujer luchó por *sus* derechos o trabajó en *su* beneficio, en la cubana se diría que la mujer se ha incorporado a la lucha y ha trabajado en defensa *de la Revolución*. En Cuba, muy distintamente de lo sucedido en otras partes, la progresiva transformación de la mujer se produjo en el contexto de un cambio revolucionario que nunca tuvo como objetivo prioritario a las mujeres, sino la modificación radical de la estructura política y económica del país, a la que todo se subordinaba, y para la cual la categoría operativa fundamental era la de clase y no la de género; y las tácticas inexcusables, la igualdad y la unión, no la diferencia. Cuando las mujeres salieron de sus casas a las calles, las plazas o los campos, en 1959, fue para asumir tareas de la Revolución en la salud, la alfabetización, la defensa. Cuando realizaron trabajo voluntario, fue en sustitución de los hombres que se encontraban casi permanentemente movilizados. Cuando se integraron en un gran frente unitario en agosto de 1960, lo hicieron bajo el lema «toda la fuerza de la mujer al servicio de la Revolución»; y la organización surgida de esta integración, la Federación de Mujeres Cubanas, se constituyó desde entonces en el vehículo de comunicación entre el Gobierno (la Revolución) y las mujeres (las federadas), cuyas tareas fundamentales dentro de la organización fueron y siguen siendo las de apoyar cada medida o campo de interés de la Revolución. El Gobierno revolucionario, por su parte, ha dictado decenas de leyes y creado innumerables planes que de modo directo y eficiente han beneficiado a las mujeres y propiciado su incorporación al espacio público, que en Cuba no significa otra cosa que el espacio de la Revolución.

Existen distintos criterios entre los estudiosos de la historia de Cuba más reciente en torno a si la participación de la mujer en la fuerza de trabajo se produjo como resultado de necesidades económicas, si el Estado se vio precisado a ampliar la fuerza laboral; o si fue una concesión a las mujeres, una medida de carácter político y no económico (véase Núñez 1993: 6-7). Pero sea como fuere, a través de su incorporación progresiva al trabajo y la dinámica de negociaciones domésticas e intervención pública –mediante la promulgación de distintas leyes destinadas a facilitarla–, la mujer encontró en el trabajo la posibilidad de desarrollar su creatividad, de participar más activamente en la sociedad, de pasar de la función meramente reproductiva a la productiva. Y así, a comienzos de los noventa casi el 40 % de todos los trabajadores cubanos eran mujeres, y en algunos sectores fundamentales no tradicionales este índice era mucho más alto. Baste señalar que el 57,7 % de los profesionales y técnicos y el 45 % de los profesores universitarios eran mujeres, situación no sólo excepcional en relación con la de la América Latina, sino también con la de España, por ejemplo, donde sólo el 30 % del profesorado universitario está formado por mujeres (véase Blanco 1994: 14).

Del mismo modo, el nivel educativo de la Población Económicamente Activa femenina era también a comienzos de los noventa mucho más alto en Cuba que el de la masculina, y esto podría mantenerse en los próximos años, porque la estructura de la matrícula por niveles de enseñanza así lo hace prever, particularmente en la educación superior, donde las mujeres han seguido siendo bastante más de la mitad –casi tres quintas partes– de todos los estudiantes universitarios (Ministerio de Educación 1992: 44).

Pero ante la reducción progresiva de empleos, ante las dificultades de todo tipo que cada día hacen de la vida de las trabajadoras cubanas una carrera de obstáculos, muchos de ellos inesperados, imprevisibles, ¿el empleo femenino se reducirá drásticamente como en los sesenta, cuando la primera carestía devolvió a muchas mujeres a sus casas, o mantendrá, con ligeros descensos, sus niveles actuales?

Aunque no disponemos de cifras, hay razones que nos autorizan a pensar que lo que se producirá es esto último: la mayoría de las mujeres trabajadoras no abandonará sus empleos actuales o los cambiará —de acuerdo con disposiciones tomadas a fin de aliviar las dificultades producidas por las deficiencias en los medios de transporte— por otros más cercanos a sus casas; y de ser dejadas fuera de sus trabajos —lo que ya ha sucedido por el cierre a menor o mayor plazo de centros laborales, debido a la falta de materia prima, de combustible o de piezas de repuesto para las maquinarias o los equipos, y seguirá sucediendo pues se desarrolla una revisión de todas las plantillas—, recibirán un generoso subsidio y serán posteriormente reubicadas, si no pasan a engrosar la creciente economía alternativa formada por los trabajadores por cuenta propia que en los últimos años han ido constituyendo un pequeño sector privado que en alguna medida ha contribuido a paliar carestías en muchos órdenes. Esta hipótesis y las razones que nos inducen a optar por ella —lo que significa mostrarnos optimistas, proyectar nuestros deseos— las discutimos a comienzos de 1993 en un encuentro con feministas norteamericanas en la Casa de las Américas, y Marta Núñez, una socióloga cubana que se ocupa desde hace muchos años del tema de mujer trabajadora, las formuló tan claramente que a continuación me limito a glosar sus palabras.

Las mujeres cubanas no sólo permanecerán en la fuerza de trabajo sino que continuarán siendo promovidas a empleos más complejos y que requieren más conocimientos, en todas las esferas de la economía y en todas las categorías ocupacionales, porque desde hace años han llegado a ser la fuerza de trabajo más calificada del país y el mayor número de estudiantes universitarios; porque una nación que busca cambiar las estructuras de exportación con renglones de punta como la biotecnología, no puede prescindir de quienes constituyen más de la mitad del personal técnico y profesional en estas ramas; porque casi la tercera parte de las trabajadoras son jefas de hogar, y si dejan sus empleos, sus familias quedan sin sustento; porque una buena parte de las trabajadoras más jóvenes lo son de segunda generación y cuentan con un importante patrón de madre trabajadora (Núñez 1993: 98-99).

Pero ahora, aunque podrá mantenerles algunas garantías de salud y educación, el Estado no tiene mucho más que ofrecerles a las mujeres para que trabajen, como pudo hacer antes. Ya no hay, por ejemplo, la posibilidad de construir más círculos o guarderías infantiles, o de socializar otras tareas domésticas. Y en cambio, a las más jóvenes y ya no sólo residentes en ciertos medios urbanos, sino también emigrantes de las más apartadas zonas del país, el impacto del turismo –imprescindible para la supervivencia de la nación–, así como el deseo de comer mejor, de vestir mejor, de pasear en autos como los que aparecen en las películas, ha podido llevarlas a ejercer la prostitución en torno a hoteles y otros centros frecuentados por extranjeros, espacios de gran visibilidad que amigos y enemigos de la Revolución, de dentro y de fuera, magnifican con tanta vehemencia que las «jineteras» han llegado a convertirse en símbolo supremo y argumento irrefutable de la decadencia de la sociedad cubana, que injustamente encarna por extensión –«la parte por el todo»– en quienes soportan con mayor sacrificio la mayor carga en este especialísimo período de crisis: las mujeres[2].

Este fue, pues, el contexto en que distintas académicas, escritoras, artistas y comunicadores, por separado o en conjunto, con o sin apoyo

---

[2] En enero de 1995 se celebró en la Casa de las Américas el coloquio «El impacto del turismo en la condición de la mujer cubana», y en él se discutió ampliamente el tema de las «jineteras». Véase sobre el resurgimiento de la prostitución en el «Período Especial», Elizalde 1995.

institucional, nos fuimos convenciendo poco a poco de la necesidad de intervenir en nuestra azarosa contemporaneidad para introducir en ella una conciencia de género que ayudara principalmente a fortalecer la autoestima de las cubanas, tan necesaria en estos momentos para defender sus avances, y que contribuyera a otorgarles mayor visibilidad a su historia y a sus realizaciones culturales.

Así, en abril de 1990 la Casa de las Américas y el Programa Interdisciplinario de Estudios de la Mujer (PIEM) de El Colegio de México organizaron el que sería el primer congreso celebrado en Cuba sobre literatura escrita por mujeres. A fin de llegar a él en las mejores condiciones, realizamos previamente en la Casa un taller de pensamiento y crítica literaria feministas, que nos permitió actualizar –y en muchos casos adquirir– el bagaje teórico imprescindible para tener una participación decorosa y productiva en este encuentro, al que logramos incorporar a una buena cantidad de ponentes cubanos. Once de los trabajos presentados se publicaron en una amplia sección del número 183 de la revista *Casa de las Américas*[3] que, quizá por azar o tal vez por esta razón, se agotó rápidamente. En marzo del año siguiente viajamos una docena de cubanos a México para celebrar en El Colegio nuestro segundo congreso, que en esta ocasión se dedicó por entero a la obra de escritoras cubanas, siendo así también éste el primer encuentro consagrado a nuestra literatura femenina. Como en el congreso anterior, en los meses previos a su celebración desarrollamos en la Casa un taller, que esta vez trató de la literatura escrita por cubanas. Cuatro de las participantes en estos encuentros recibieron –tres de ellas con el apoyo de la Casa– becas del PIEM para cursar la especialidad de posgrado en Estudios de la Mujer, convirtiéndose –a lo que sé– en las primeras cubanas en adquirir esta calificación académica.

Algo muy personal, como mucho de lo que sucede entre mujeres, también influyó en el rumbo que daríamos a lo que ya empezaba a

---

[3] (1991): *Casa de las Américas* 31 (183): 2-69.

perfilarse como una línea de trabajo de la Casa. En la segunda mitad de 1991, Vicentina Antuña, mi profesora y jefa, con quien llevaba trabajando treinta años, primero en el Consejo Nacional de Cultura y después compartiendo la misma cátedra en la Universidad, enfermó gravemente y me pidió que fuera cada tarde a su casa a acompañarla, y en aquellas conversaciones en que yo hablaba más que ella, y que al final fueron haciéndose meros murmullos, sonrisas, miradas impotentes, fuimos tejiendo y destejiendo proyectos y memorias de la lucha de las feministas y otras organizaciones de mujeres cubanas por ocupar un espacio de primer orden en la cultura y la historia del país, lucha en la que ella y Camila Henríquez Ureña habían participado muy destacadamente y que constituía uno de los grandes orgullos de su vida[4].

En el bienio siguiente, mediante la participación individual o institucional en encuentros nacionales o internacionales, se fue ampliando el radio de relaciones de la Casa de las Américas con especialistas y grupos de Estudios de la Mujer o activistas de movimientos femeninos, que contribuyeron, por una parte, a llevar nuestros intereses más allá de la literatura, y por otra, a que nuestra biblioteca llegara a poseer una copiosa colección tanto de los libros y revistas más recientes sobre este amplio dominio, como de clásicos que antes no teníamos. A lo primero se debe que en ocasiones, como las anotadas en párrafos anteriores, hayamos coauspiciado la celebración de encuentros sobre temas de carácter fundamentalmente social y económico. A lo segundo obedece, por ejemplo, que en el año académico 1993-1994 se pudiera ofrecer por primera vez en la Licenciatura en Letras de la Universidad de La Habana un curso sobre discurso literario femenino[5].

---

[4] Roberto Fernández Retamar me ha contado que fue porque Vicentina se lo dio a conocer, que incluyó «Feminismo» (1939), el excepcional texto de Camila sobre la condición y lucha femeninas, en el número que *Casa de las Américas* dedicó al «Año Internacional de la Mujer». Véase *Casa de las Américas* 15 (88): 29-42.

[5] Este curso fue ofrecido por la Dra. Nara Araújo, quien desde su inicio ha participado en este proyecto de la Casa –como Mirta Yáñez, que propició

De la acumulación de libros y experiencias, de las conversaciones con amigas y colegas, fue imponiéndosele a la dirección de la Casa de las Américas la necesidad de crear un Programa de Estudios de la Mujer, a partir de aquel núcleo original de trabajo sobre escritoras latinoamericanas que yo había cobijado a la sombra del Centro de Investigaciones Literarias que entonces dirigía. Teniendo en cuenta todo el trabajo realizado y la proyección que queríamos darle en el futuro, decidimos lanzar nuestro Programa en 1994, año del centenario del nacimiento de Camila Henríquez Ureña, y emplear para ello el espacio más conocido de la Casa: su Premio Literario. Así pues, en homenaje a la gran profesora y ensayista dominicano-cubana convocamos al Premio Extraordinario de Ensayo sobre Estudios de la Mujer, al que concurrieron más de cincuenta obras[6]. Además, los jurados que debían otorgar los premios en los distintos géneros y categorías que concursaban estuvieron integrados, por primera vez, mayoritariamente por escritoras. Una semana antes del comienzo de sus actividades ofrecimos dos cursos de posgrado sobre teoría y praxis de la literatura femenina y sobre literatura femenina cubana, y el programa del Premio concluyó con un congreso sobre literatura femenina latinoamericana en el que participó medio centenar de ponentes de la América Latina, el Caribe, los Estados Unidos, Canadá y Europa.

Al concluir el congreso, nos reunimos un amplio grupo de participantes y diseñamos conjuntamente las líneas de trabajo para los próximos años, destinadas a propiciar, por una parte, una revisión de la historia y la cultura de las mujeres latinoamericanas y caribeñas desde el siglo XVI hasta nuestros días, y por otra parte, a rescatar y publicar la producción textual femenina –no exclusivamente literaria– correspondiente a ese período. De acuerdo con este plan, se han

---

la celebración del primer congreso, Graziella Pogolotti, Denia García Ronda y Zaida Capote, entre otras.

[6] El premio se otorgó a *La mujer fragmentada: historias de un signo*, de Lucía Guerra.

realizado ya los coloquios correspondientes a la Colonia y el Siglo XIX, que han acumulado más de setenta trabajos[7] y han puesto en contacto a igual número de especialistas en la historia y la cultura de las mujeres del Continente; se ha empezado a evaluar y organizar para su publicación los materiales recibidos para la antología de producción textual femenina de los siglos XVI al XVIII; y se está solicitando los que deberán llenar los tres tomos de la correspondiente al XIX, al tiempo que se ha comenzado a circular la convocatoria del coloquio del año próximo, que se dedicará a las latinoamericanas y caribeñas del siglo XX. Para después también tenemos planes, pero esa es otra historia... historia hacia la que nos conducen no sólo los resultados de esta especie de levantamiento general de fuerzas pasadas y presentes de nuestras mujeres, y de quienes se dedican con rigor, pasión y compromiso mucho más que académico a su estudio, sino también lo que está sucediendo desde comienzos del año pasado en nuestro país.

Celebrado en marzo de 1995, el VI Congreso de la Federación de Mujeres Cubanas replanteó una agenda en la que ocupó un espacio fundamental todo lo derivado del reconocimiento de que en medio de las ásperas condiciones con que se inició esta década, y tal vez por ello, se han producido importantes cambios en la conciencia que de sí mismas tiene la mayoría de nuestras mujeres, quienes, por una parte, se ven cada vez más como productoras y no sólo como reproductoras, asumiendo plenamente su transformación de objeto en sujeto de las medidas tomadas por la Revolución en su beneficio, las que ahora tienen que defender y llevar hasta sus últimas consecuencias; y, por otra parte, evalúan su incorporación al trabajo no ya como una mera forma de emancipación económica, sino como fuente de satisfacción y realización personal y vía privilegiada de acceso a una mayor participación política y social. Por ello, tanto en los documentos de

---

[7] Ya se publicaron las actas de esos coloquios, así como del celebrado en 1997: véase Campuzano 1997 y 1998.

trabajo como en las intervenciones de las delegadas, se puso especial énfasis en arreciar el combate contra los patrones culturales que conspiran contra la participación femenina en los niveles de mayor responsabilidad y decisión, lo que aparece como una demanda sólida y críticamente fundamentada en el texto elaborado por la comisión que se ocupó del tema de la promoción de la mujer a cargos de dirección en el Estado y el Partido (véase Federación de Mujeres Cubanas 1995: 89, 101-114), y se evidenció en el curso de los debates, cuando una de las delegadas, por ejemplo, hizo llegar una nota al General de Ejército Raúl Castro, preguntándole por qué no hay generalas ni viceministras en las Fuerzas Armadas Cubanas (véase S.N. 1995: 8), a cuyas tropas regulares hoy están incorporadas decenas de miles de mujeres y no un solo pelotón femenino, como en enero de 1959.

A partir de entonces la presencia de la Federación, y en general de los temas relativos a las mujeres, ha comenzado a hacerse mayor en la prensa, a tomar mayor relieve. Así sucedió, por ejemplo, con las elecciones parciales celebradas en julio de 1995, en las que se puso de manifiesto que comenzaba realmente a remontarse la corriente. A diferencia de lo ocurrido en las elecciones generales de 1993, cuando la Comisión Electoral y, en consecuencia, los periódicos, la radio y la televisión, ocupados en destacar la participación masiva en una consulta popular a la que los enemigos de la Revolución auguraban los peores resultados, no divulgaron la cantidad de mujeres electas, ahora se daban a conocer estos resultados, que evidenciaban una notable recuperación en el número de delegadas en relación con los comicios anteriores. Ese mismo mes se dedicó la gran fiesta de la Revolución, el aniversario del asalto al Cuartel Moncada, a la mujer cubana, quien como reconociera el Comandante en Jefe Fidel Castro en la clausura del congreso femenino, es la que hoy lleva la parte más dura de los sacrificios (S.N. 1995: 1).

Pero la mujer cubana es también, pensamos, quien dadas su preparación y progresiva concientización, parece estar destinada a salir en mejores condiciones de esta crisis cuyo fin comenzamos a avizorar. Lo más importante, en nuestro caso, ha sido saber que no partimos de la nada, sino todo lo contrario; y conocer cuáles son nuestras peculiaridades y de qué modo podemos actuar, tantear, rectificar, para ir alcanzando poco a poco resultados que conduzcan a la plena realización de la mujer, y en nuestro caso, en el que las distancias sociales son las más reducidas de la América Latina, eso quiere decir a una realización de todas las mujeres.

En el medio feminista académico, tan variopinto en sus tendencias, quizá la perspectiva reciente más importante es aquella que parte de reconocer que no existe una realidad femenina única, que en este vasto campo tampoco hay universales, sino múltiples realidades; y que hay que aprender acerca de todas ellas y estar conscientes de todas ellas. Por eso, con nuestro trabajo en el campo ilimitado, sin fronteras, de la cultura, no sólo aspiramos a modificar nuestra realidad sino también a pensarla, a organizarla mentalmente y, algún día, a contribuir con nuestra experiencia y con nuestra teorización propia, latinoamericana y cubana, al pensamiento, a las doctrinas, al fundamento de los estudios y de las prácticas en torno y para la mujer.

La Habana, Río de Janeiro, mayo-octubre de 1995[8]

---

[8] Publicado en 1996: *Temas* 5, enero-marzo: 4-10; y recogido también en Hernández, Rafael & Rojas, Rafael (eds.) (2002): *Ensayo cubano del siglo XX*. México: Fondo de Cultura Económica, 489-504; y Hernández, Rafael (ed.) (2003): *Sin urna de cristal. Pensamiento y cultura en Cuba contemporánea*. La Habana: Centro de Investigación y Desarrollo de la Cultura Juan Marinello, 75-86.

Casi dos siglos... y nada

No es raro que la primera revista femenina de lengua española, *El Correo de las Damas,* de 1811, se publicara en La Habana, porque esta ciudad era entonces una de las más ricas e informadas del orbe. Pero sin dudas resulta muchísimo menos raro que aun cuando sus editores exhibieran un pensamiento liberal a tono con el momento, y quisieran emular a la prensa de «otros países cultos y libres, como ahora nosotros comenzamos a serlo», en el prospecto con que anunciaban la próxima salida de *El Correo* ellos mismos describieran a sus destinatarias, las mujeres, como «esas criaturas mitades de hombres».

Tampoco es raro que *La Moda* o *Recreo Semanal del Bello Sexo*, la más hermosa revista femenina habanera, fundada en 1829 por Domingo del Monte, llevara bajo el título unos versos de Propercio, sin dudas muy gustosamente traducidos por Quevedo –el autor, ¿se acuerdan?, de *La culta latiniparla*–, que con cada entrega perpetuaban la minusvalidez, debilidad y eterna infancia de las mujeres: «Escribe en blando y dulce y fácil verso / Cosas que cualquier niña entender pueda».

Pero cuando Gertrudis Gómez de Avellaneda llega a La Habana a fines de 1859, tras haber desarrollado en la capital de la metrópoli, tanto en su novela como en su teatro, una sostenida indagación sobre las torpezas de la subalternidad femenina, y de haberlas experimentado en su propia vida, decide de inmediato publicar en sucesivos números del *Album Cubano de lo Bueno y lo Bello* –la primera revista cubana fundada, pensada y dirigida por una mujer (La Habana, febrero-agosto de 1860)–, un largo y documentado ensayo dedicado precisamente a demostrar la insostenibilidad de la definición de «sexo débil» que se les venía aplicando a sus congéneres. A partir de este *Álbum* se podrá hablar en Cuba de dos tipos de publicaciones femeninas: las destinadas por otros a preservar los roles tradicionales asignados a «la reina del hogar»: modas, cocina, costura…; y las dirigidas por mujeres con el fin de promover su propia emancipación.

No se ha valorado la importancia que tuvo para la cultura cubana de entonces, y particularmente para las escritoras, el regreso de Avellaneda. Su presencia en distintas ciudades, donde se le tributaron grandes homenajes –que ella aprovechó para exaltar el papel desempeñado por las mujeres en la difusión de las letras y para promover la autoestima de las cubanas– estimuló el desarrollo de la literatura femenina, que hasta entonces exhibía unos pocos títulos y se asomaba tímidamente a las páginas de algunas revistas. En poco tiempo se publican libros de autoras cubanas, alguno de los cuales prologó; y en los años que siguen a su vuelta a España, este estímulo pervivió en la conservación de las redes de apoyo y de las relaciones entre escritoras que su visita y su revista habían empezado a tejer.

El mejor ejemplo es la primera antología de escritoras cubanas, preparada como homenaje explícito a ella por una joven periodista y tipógrafa, Domitila García, en Puerto Príncipe, ciudad natal de ambas, y publicada en La Habana, en 1868, con el apoyo económico de una de las antologadas, María de Santa Cruz, sobrina de la Condesa de Merlin: el *Album poético fotográfico de escritoras cubanas*. En su carta de agradecimiento a Domitila, Avellaneda se mostraba consciente de la significación que había tenido su estancia en la Isla para esta complicada iniciativa. Y efectivamente, su influjo se hacía patente hasta en la denominación y caracterización de la antología, conformada como *Album* «fotográfico», a la manera de aquel que Avellaneda se había propuesto preparar con los «retratos pequeños, de esos llamados de tarjeta», que desde Cárdenas había pedido a las «damas bellas de la Isla de Cuba», para que –como le escribió a Lola Cruz– en España vieran «lo *alto que raya* nuestro país en eso de producir hermosuras».

Otra camagüeyana, biógrafa y futura editora de las *Obras Completas* de Avellaneda, Aurelia Castillo de González, será su más fiel seguidora, particularmente por su adhesión a los proyectos modernizadores que tanto interesaran a Tula; y entre ellos, las nuevas ideas que reunían a mujeres de todo el mundo en pos de múltiples reivindicaciones. Por razones que no están del todo claras, pero que me atrevería a vincular con una pequeña escaramuza entre Enrique José Varona y Manuel Serafín Pichardo en relación con el feminismo, que el primero apoyaba y el segundo no entendía, este, que dirigía *El Fígaro*, convencido o conminado por Varona, o simplemente deseoso de disculparse con las feministas, decidió ofrecerles las páginas de su semanario. Y es así que surge el fastuoso número de *El Fígaro* dedicado íntegramente a las mujeres cubanas, en el que no sólo se recogía su producción literaria y artística, sino también había espacio para la exposición de sus ideas sobre educación, trabajo y participación social femenina, así como información sobre su desarrollo académico y científico. Pintoras, escultoras, compositoras, pianistas, médicas, farmacéuticas, licenciadas en ciencias naturales, en filosofía y letras, en matemáticas, acompañaban los textos de veintinueve escritoras: poetas, narradoras, ensayistas, cronistas, y casi todas aparecían además en efigie, en grabados o fotografías, algunas de las cuales, de excepcional belleza, las mostraban ante su piano, si eran músicas; o si eran artistas, frente al lienzo, o cincel en mano junto a la piedra que comenzaba a convertirse en escultura; o en sus estudios, con pluma, tintero y rodeadas de libros, si eran escritoras. En fin, en su lugar de trabajo... Pero este número, coordinado por Aurelia Castillo de González, se publica el 24 de febrero de 1895, justo el mismo día en que comienza la guerra que transformará en poco tiempo las vidas de todas y cubrirá de otras fotos las páginas del semanario.

Pero esas no son más que una pequeñísima muestra de las revistas que en el XIX se destinan a las mujeres, o son dirigidas o coordinadas por ellas. Hubo varias decenas, publicadas en la capital y en otras ciudades, como *El Ramillete* (Matanzas, 1879-1881?), ofrecido «a nuestras bellas matanceras»; o que aspiraban a extender su influencia a sectores más desfavorecidos, como *El Amigo de las Mujeres* (La Habana, 1864-1867), que quería «entrar lo mismo en el gabinete de la opulenta habanera que en la modesta casa de la obrera», o *La Familia* (Cienfuegos, 1884), «Órgano de la sociedad de mujeres negras Las hijas del progreso» y *Minerva* (La Habana, 1888-1889...), «Revista quincenal dedicada a la mujer de color».

Con el importante movimiento de mujeres que caracteriza al período republicano, sin duda una de sus mayores marcas positivas, se multiplican por la Isla tantas decenas de revistas para las mujeres y, sobre todo, dirigidas por ellas, que resulta imposible, aun si hubiera espacio, anotar el título de las más importantes. Pero no puedo dejar de mencionar, por su larga trayectoria y su excelencia, a *Lyceum* (La Habana, 1936-1961), que llega a ocupar una primera línea entre todas las publicaciones culturales del período.

¿Y qué pasa después con este tipo de revistas ? ¿Por qué se pierden, se eclipsan, cuando precisamente las mujeres cubanas gozan de más derechos, adquieren más voz? No me voy a detener –no vale la pena– en repetir consignas, ni en repartir consuelos, ni en referirme a *Mujeres* y *Muchachas*... Sólo diré que en estas largas décadas sólo dos grandes revistas cubanas, *Temas* y *Unión*, han ofrecido sus páginas a las mujeres, y ahora, como vemos, lo hace *La Gaceta*... Quizás en el futuro podamos contar con una revista propia, ¡aunque sea digital!... ¿Por qué, de verdad, por qué no?

La Habana, 2003[1]

---

[1] Publicado en 2004: *La Gaceta de Cuba* 1, enero-febrero: 80.

Bibliografía

ADAMS, William Howard (1985): *En souvenir de Proust. Les personnages du temps perdu photographiés par Paul Nadar*. Lausana: Edita.

AGÜERO, Luis (1964): «La novela de la Revolución». En *Casa de las Américas* 4 (22-23): 60-67.

AGUILILLA, Araceli de (1963): *Primeros recuerdos*. La Habana: Unión.

— (1975): *Por llanos y montañas*. La Habana: Unión.

— (1995): «La Casa de las Américas y la "creación" del género testimonio». En *Casa de las Américas* 36 (200): 120-125.

ALONSO, Nancy (1997): *Tirar la primera piedra*. La Habana: Letras Cubanas.

— (2002): *Cerrado por reparación*. La Habana: Unión.

ÁLVAREZ, Imeldo (1980): *La novela cubana en el siglo XX*. La Habana: Letras Cubanas.

ÁLVAREZ DE LOS RÍOS, Tomás (1989): *Las Farfanes*. La Habana. Letras Cubanas.

AMBRUSTER, Claudius (1982): *Das Werk Alejo Carpentiers, Chronik der «Wunderbaren Wirklichkeit»*. Frankfurt: Klaus Dieter Vervuert.

ARAÚJO, Nara (1995): «A escritura da mudança: novíssimas narradoras cubanas». En Hoppe Navarro, Márcia (ed.): *Rompendo o silencio*. Porto Alegre: UFRGS.

— (1997): «Proyección y perfil de la crítica feminista del Caribe». En Schmidt, Rita Teresinha (ed.): *Mulheres e literatura. (Trans)Formando identidades*. Porto Alegre: Palloti.

— (2001): «Sobre *Gender and Nationalism in Colonial Cuba. The Travels of Santa Cruz y Montalvo, Condesa de Merlin*». En *Revista de la Biblioteca Nacional José Martí*, enero-junio: 132-136.

Arcos, Jorge Luis (1990): *En torno a la obra poética de Fina García Marruz*. La Habana: Unión.

Armario Sánchez, Fernando (1990): «Esclavitud y abolición en Cuba durante la regencia de Espartero». En Pérez-Lila, Solano: *Esclavitud y derechos humanos*. Madrid: CSIC, 377-405.

Artiles, Jenaro (1946): *La Habana de Velázquez*. La Habana: Municipio de La Habana.

Báez Díaz, Tomás (1977): *La mujer aborigen y la mujer en la colonia*. Santo Domingo: s/n.

Bahr, Aida (1998): *Espejismos*. La Habana: Unión.

Barcia, María del Carmen (1987): *Burguesía, esclavitud y abolición*. La Habana: Editorial de Ciencias Sociales.

Barcia, Manuel (2000): *Con el látigo de la ira*. La Habana: Editorial de Ciencias Sociales.

Barnet, Miguel (1969): «La novela-testimonio: socioliteratura». En *Unión* 4.

Barrios de Chungara, Domitila (1978): «*Si me permiten hablar...*» *Testimonio de Domitila, una mujer de las minas de Bolivia*. México: Siglo XXI.

Benjamin, Walter (1990): *The Origin of German Tragic Drama*. London / New York: Verso.

Berman, Marshall (1991): *Todo lo sólido se desvanece en el aire. La experiencia de la modernidad*. Ciudad de México: Siglo XXI.

Blanco, Cruz (1994): «Ciencia y técnica, también para ellas». En *Mujeres*, suplemento de *El País*, 29 de septiembre.

Bobes, Marilyn (1995): *Alguien tiene que llorar*. La Habana / Bogotá: Casa de las Américas / Colcultura.

Bobes, Marilyn & Yáñez, Mirta (eds.) (1996): *Estatuas de sal. Cuentistas cubanas contemporáneas*. La Habana: Unión.

Borbón, Eulalia de (1983): »Memorias«. En *Viajeras al Caribe*. La Habana: Casa de las Américas, 444-446.

Bottiglieri, Nicola (1990): «Le frontiere della pelle». En *Letterature d'America* IX (38).

Boyd-Bowman, Peter (1964): *Índice geobiográfico de cuarenta mil pobladores españoles de América en el siglo XVI*. volumen I. Bogotá: Instituto Caro y Cuervo.

Boym, Svetlana (2001): *The Future of Nostalgia*. New York: Basic Books.
Bueno, Salvador (1981): «México en la literatura cubana». En *Revista de la Biblioteca Nacional José Martí* XXIII (1): 177-178, enero-abril.
Caballero, Armando O. (1982): *La mujer en el 95*. La Habana: Gente Nueva.
Cabrera, Raimundo (1892): *Cartas a Govín. Impresiones de un viaje*. La Habana: La Moderna.
Campuzano, Luisa (1988): «La mujer en la narrativa de la Revolución: ponencia sobre una carencia». En Luisa Campuzano: *Quirón o del ensayo y otros eventos*. La Habana: Letras Cubanas, 66-104.
— (1992): «Las muchachas de la Habana no tienen temor de Dios...». En *Casa de las Américas* 32(187): 128-135.
— (1996a): «Ser cubanas y no morir en el intento: estrategias culturales para sortear la crisis». En *Temas* 5, enero-marzo.
— (1996b): «La voz de Casandra. Para presentar *Alguien tiene que llorar*, de Marilyn Bobes». En *La Gaceta de Cuba* 34 (4).
— (ed.) (1997): *Mujeres latinoamericanas: historia y cultura (siglos XVI al XIX)*. La Habana / Ciudad de México: Casa de las Américas / Universidad Autónoma Metropolitana-Iztapalapa.
— (ed.) (1998): *Mujeres latinoamericanas del siglo XX. Historia y cultura*. La Habana / México: Casa de las Américas / Universidad Autónoma Metropolitana-Iztapalapa.
— (2000): «Mirando al Norte: viajeras cubanas a los Estados Unidos (1840-1900)». En Hernández, Rafael (ed.): *Mirar al Niágara. Huellas culturales entre Cuba y los Estados Unidos*. La Habana: Centro de Investigación y Desarrollo de la Cultura Cubana Juan Marinello, 53-85.
— (2001): «A "Valiant Symbol of Industrial Progress"? Cuban Women Travelers and the United States». En Paravisini-Gebert, Lizabeth & Romero-Cesareo, Ivette (eds.): *Women at Sea. Travel Writing and the Margins of Caribbean Discourse*. New York: Palgrave, 161-181.
— (2003): «*Sab*: la novela del prefacio». En *Revolución y Cultura* 2: 27-33.
Campuzano, Luisa & Vallejo, Catharina (eds.) (2003): *Yo con mi viveza. Textos de conquistadoras, monjas, brujas, poetas y otras mujeres de la Colonia*. La Habana / Montreal: Casa de las Américas / Concordia University.

Cañizares, Leandro J. (1947): *De mis recuerdos de México (1896-1900)*. La Habana: Lex.

Casal, Julián del (1963): «Aurelia Castillo de González». En *Prosas* vol. I. La Habana: Consejo Nacional de Cultura.

Casas, Bartolomé de las (1986): *Historia de las Indias*. Caracas: Biblioteca Ayacucho.

Castillo de González, Aurelia (1895): «Esperemos». En *El Fígaro*, 24 de febrero.

Castro, Carmen (1990): *La lección del Maestro*. La Habana: Editorial de Ciencias Sociales.

Castro Ruz, Fidel (1961): *Obra Revolucionaria* 5. La Habana, 25 de enero de 1961.

Castillo de González, Aurelia (1895): *Un paseo por América. Cartas de México y de Chicago*. La Habana: La Constancia.

— (1913-1918): *Escritos de Aurelia Castillo de González*, 6 vols. La Habana: El Siglo xx.

Cervantes de Salazar, Francisco (1971): *Crónica de la Nueva España*, vol. 5. Madrid: Atlas.

Colón, Cristóbal (1971): «Relación del Primer Viaje». En Pichardo, Hortensia (ed.): *Documentos para la historia de Cuba*, vol. I. La Habana: Editorial de Ciencias Sociales.

— (1989): *Textos y documentos completos. Relaciones de viajes, cartas y memoriales*. Madrid: Alianza.

Compagnon, Antoine (1979): *La seconde main ou le travail de la citation*. Paris: Seuil.

Corwin, Arthur F. (1979): *Spain and the Abolition of the Slavery in Cuba, 1817-1886*. Austin: University of Texas Press.

Cruz, Mary (1994): *Colombo de Terrarrubra*. La Habana: Unión.

— (1998): *Niña Tula*. La Habana: Letras Cubanas.

— (2001): *El que llora sangre*. La Habana: Unión.

— (2001): *Tula*. La Habana: Letras Cubanas.

Cruz, Dania de la et al. (1990): *María Luisa Dolz. Documentos para el estudio de su labor pedagógica y social*. La Habana: Archivo Nacional de Cuba.

DAVIES, Catherine (1997): *A Place in the Sun? Women Writers in Twentieth Century Cuba*. London: Zed Books.
— (2001): «¿Cómo escribir una «historia» de la literatura de mujeres en Cuba? Algunas reflexiones». En *RyC*, suplemento literario de *Revolución y Cultura*, marzo-abril.
DIADIUK, Alicia (1973): *Viajeras anglosajonas en México*. Ciudad de México: Secretaría de Educación Pública.
DÍAZ DEL CASTILLO, Bernal (1984): *Historia verdadera de la conquista de la Nueva España*, vol. II. La Habana: Casa de las Américas.
DÍAZ LLANILLO, Esther (1999): *Cuentos antes y después del sueño*. La Habana: Letras Cubanas.
— (2002): *Cambio de vida*. La Habana: Letras Cubanas.
DOLZ, María Luisa (1955): *La liberación de la mujer cubana por la educación*. La Habana: Oficina del Historiador de la Ciudad.
DORANTES DE CARRANZA, Baltasar (1902): *Sumaria relación de las cosas de la Nueva España*. Ciudad de México: Imprenta del Museo Nacional.
ELIZALDE, Rosa Miriam (1995): «¿Qué será de mí si la suerte me abandona?». En *Contracorriente* 1 (2): 49-64.
ESTRADE, Paul (1986): «Les Clubs Feminins dans le Parti Révolutionaire Cubain (1892-1898)». En *Femmes des Amériques*. Toulouse: Université de Toulouse-Le Mirail: 85-105.
ETTE, Ottmar (1995): *José Martí. Apóstol, poeta revolucionario: una historia de su recepción*. Ciudad de México: UNAM.
FEDERACIÓN DE MUJERES CUBANAS (1995): *VI Congreso de la FMC. Memorias*. La Habana: Federación de Mujeres Cubanas.
FERNÁNDEZ DE JUAN, Adelaida (1999): *Oh vida*. La Habana: Unión.
FERNÁNDEZ DURO, Cesáreo (1902): «La mujer española en Indias». En *Revista de Derecho, Historia y Letras* V(XIII): [165]-182.
FERNÁNDEZ PINTADO, Mylene (1999): *Anhedonia*. La Habana: Unión.
— (2001): «Vivir sin papeles». En *RyC*, suplemento literario de *Revolución y Cultura*, ed. especial, enero-febrero: 9-10.
— (2003): *Otras plegarias atendidas*. La Habana: Unión.
FERNÁNDEZ RETAMAR, Roberto (1954): *La poesía contemporánea en Cuba (1929-1953)*. La Habana: Orígenes.

FIGAROLA CANEDA, Domingo (1928): *La Condesa de Merlin (María de las Mercedes Santa Cruz y Montalvo). Estudio bibliográfico e iconográfico. Escrito en presencia de documentos inéditos y de todas las ediciones de sus obras. Su correspondencia íntima (1789-1852).* París: Excelsior.

— (1929): *Gertrudis Gómez de Avellaneda. Biografía, bibliografía e iconografía, incluyendo muchas cartas, inéditas o publicadas, escritas por la gran poetisa o dirigidas a ella, y sus memorias.* Madrid: Sociedad General Española de Librería.

FOWLER, Víctor (1998): «En apenas una década...». En Fowler, Víctor: *La maldición: una historia del placer como conquista*. La Habana: Letras Cubanas: 141-160.

FRANCO, Jean (1988): «*Si me permiten hablar*: la lucha por el poder interpretativo». En *Casa de las Américas* 29 (171): 88-94.

— (1993): «Invadir el espacio público; transformar el espacio privado». En *Debate Feminista* 4 (8): 267-287.

GENETTE, Gérard (1987): *Seuils*. Paris: Seuil.

GARCÍA CALZADA, Ana Luz (1995): *Minimal son*. La Habana: Letras Cubanas.

— (2000): *Historias del otro*. Santiago de Cuba: Oriente.

GARCÍA CASTRO, Mary (1991): «A dinâmica entre classe e gênero na América Latina: apontamentos para uma teoría regional sobre gênero». En *Mulher e políticas públicas*. Río de Janeiro: IBAM / UNICEF: 39-69.

GARCÍA MARRUZ, Fina (1951): *Las miradas perdidas. 1944-1950*. La Habana: Ucar García.

— (1952): «José Martí». En *Lyceum* VIII (30).

— (1970): *Visitaciones*. La Habana: Unión.

— (1986): *Hablar de la poesía*. La Habana: Letras Cubanas.

GARCÍA RODRÍGUEZ, Gloria (1996): *La esclavitud desde la esclavitud. La visión de los siervos*. México: CIC «Ing. J. L. Tamayo».

GLANTZ, Margo (1982): *Viajes en México; crónicas extranjeras*, vol. 1. Ciudad de México: CONAFE / Fondo de Cultura Económica.

GOMARIZ, Enrique & VALDÉS, Teresa (eds.) (1993): *Mujeres latinoamericanas en cifras. Cuba*. Santiago de Chile: Instituto de la Mujer (España) / FLACSO.

GÓMEZ DE AVELLANEDA, Gertrudis (1914a): *Memorias inéditas de la Avellaneda* La Habana: Imprenta de la Biblioteca Nacional.
— (1914b): *Obras de la Avellaneda*, 6 Vols. Edición Nacional del Centenario. La Habana: Imprenta de Aurelio Miranda.
— (2001): *Sab*. Manchester / New York: Manchester University Press.
GRANIER DE CASSAGNAC, Bernard A. (1842): *Voyage aux Antilles Françaises, Anglaises, Danoises, Espagnoles…*, vol. I. Paris: Dauvin et Fontaine.
— (1844): *Voyage aux Antilles Françaises, Anglaises, Danoises, Espagnoles…*, vol. II. Paris: Dauvin et Fontaine.
— (1844b): «Apuntes biográficos de la Condesa de Merlin». En *Revista de Madrid* 2, 2da época, enero.
GRAÑA, María Cecilia (2000) «Escribir desde el umbral: lo perturbante en tres relatos femeninos». En *Escritos* 21, enero-junio.
GUEVARA, Ernesto (1970): «Prólogo» de *Pasajes de la guerra revolucionaria*. En *Obras, 1957-1967*, vol. I. La Habana: Casa de las Américas.
GUTIÉRREZ NÁJERA, Manuel (1959): *Obras. Crítica literaria*, vol. I (3). Ciudad de México: UNAM.
— (1974): «Enfoques nacionales. Benito Juárez, Sadi-Carnot, José Martí». En *Divagaciones y fantasías; crónicas*. México: UNAM.
— (1988): «La novela del tranvía». En *Narraciones escogidas*. La Habana: Arte y Literatura.
HAHNER, June E. (1983): «Researching the History of Latin American Women: Past and Future Directions». En *Revista Interamericana de Bibliografía* 3 (4).
HENRÍQUEZ UREÑA, Camila (1982): *Estudios y conferencias*. La Habana: Letras Cubanas.
HERNDL, Diane Price & WARHAL, Robyn R. (eds.): «About Feminisms». En *Feminisms*. New Brunswick: Rutgers University Press.
HERRERA, Antonio de (1945): *Historia general de los hechos de los castellanos* […]. Asunción: Guaranía.
IGLESIA, Cristina (1987): «Conquista y mito blanco». En Iglesia, Cristina & Schvartzman, Julio: *Cautivas y misioneros. Mitos blancos de la Conquista*. Buenos Aires: Catálogos Editora.
— (1992): «La mujer cautiva: cuerpo, mito y frontera». En *Historia de*

las mujeres, vol. 3: Del Renacimiento a la Edad Moderna. Madrid: Taurus.

ICAZA, Francisco A. de (1923): *Diccionario autobiográfico de conquistadores y pobladores de la Nueva España,* vol. II. Madrid: S.N.

KAPLAN, Caren (1998): *Questions of Travel. Postmodern Discourses of Displacement.* Durham / London: Duke University Press.

KELLY, Edith L. (1945): «The Banning of *Sab* in Cuba: Documents from the Archivo Nacional de Cuba». En *The Americas* 3: 350-353.

KONETZE, Richard (1945): «La emigración de mujeres españolas a América durante la época colonial». En *Revista Internacional de Sociología* 3 (9): 123-150.

LAVRÍN, Asunción (ed.) (1978): *Latin American Women: Historical Perspectives.* Westport: Greenwood Press.

LE RIVEREND, Julio (1960): *La Habana. (Biografía de una provincia).* La Habana: Imprenta El siglo XX.

LEWIS, Bernard (1984): *La historia recordada, rescatada, inventada.* Ciudad de México: Fondo de Cultura Económica.

LEZAMA LIMA, José (1953): «Secularidad de José Martí». En *Orígenes* 33: 3-4.

— (1965): *Antología de la poesía cubana.* La Habana: Consejo Nacional de Cultura.

— (1970): «Noche insular, jardines invisibles». En *Poesía completa.* La Habana: Letras Cubanas.

LLANA, María Elena (1998): *Castillos de naipes.* La Habana: Unión.

LLOPIS, Rogelio (1964): «*Primeros recuerdos,* ¿novela o memorias?». En *La Gaceta de Cuba* 3 (39).

LÓPEZ VALDIZÓN, José María (1962): «Maestra voluntaria de Daura Olema». En *Casa de las Américas* 2 (13-14): 55-56.

LOYNAZ DEL CASTILLO, Enrique (1989): *Memorias de la guerra.* La Habana: Editorial de Ciencias Sociales.

LOYNAZ, Dulce María (1954-1955a): «Crónicas de ayer». En *El País* entre 16/10/1954 y 15/10/1955.

— (1954-1955b): «Entre dos primaveras». En *Excélsior* entre 17/10/1954 y 23/10/1955.

— (1984): *Poesías escogidas.* La Habana: Letras Cubanas.

— (1989): «Introducción». En Enrique Loynaz del Castillo: *Memorias de la guerra*. La Habana: Editorial de Ciencias Sociales.
— (1992): «Enrique Loynaz, un poeta desconocido». En *Ensayos*. La Habana: Letras Cubanas.
—Loynaz, Dulce María (1993): «Poema cxxiv». En *Poesía completa*. La Habana: Letras Cubanas.
— (1994): *Fe de vida. Evocación de Pablo Alvarez de Cañas y el mundo en que vivió*. Pinar del Río: Centro Hermanos Loynaz.
Lugo-Ortiz, Agnes (1990): *Identidades imaginadas. Biografía y nacionalidad en Cuba (1860-1898)*, tesis de doctorado. New Jersey: Princeton University.
Manzano, Matilde (1963): «Apuntes de una alfabetizadora». En *Casa de las Américas* 3 (19).
Martí, José (1992): «Carta a María Mantilla» [Cabo Haitiano, marzo de 1895]. En *Obras escogidas*, vol. III. La Habana: Ciencias Sociales.
— (1993): *Epistolario* vol. IV. La Habana: Ciencias Sociales.
Martin, Claire E. (1996): «Slavery in the Spanish Colonies: The Racial Politics of the Countess of Merlin». En Meyer, Doris (ed.). *Reinterpreting the Spanish American Essay. Women Writers of the 19th and 20th Centuries*. Austin: University of Texas Press.
Martínez, José Luis(1990): *Hernán Cortés*. Ciudad de México: Universidad Nacional Autónoma de México / Fondo de Cultura Económica.
Mateo, Margarita (1995): *Ella escribía poscrítica*. La Habana: Abril.
Menchú, Rigoberta (1983): *Me llamo Rigoberta Menchú*. La Habana: Casa de las Américas.
Méndez Rodenas, Adriana (1998): *Gender and Nationalism in Colonial Cuba. The Travels of Santa Cruz y Montalvo, Condesa de Merlin*. Nashville / London: Vanderbilt University Press.
Meyer, Marlyse (1993): *Maria Padilha e toda a sua quadrilha*. Sao Paulo: Duas Cidades.
Miller, Francesca (1991): *Latin American Women and the Search for Social Justice*. Hannover: University Press of New England.
Ministerio de Educación (1992): *Informe de la República de Cuba a la XLIII Conferencia Internacional de Educación [de la UNESCO]*. La Habana: Ministerio de Educación.

Moliner, María (1986): *Diccionario de uso del español,* vol. II. Madrid: Gredos.
Molloy, Silvia (1991): *At Face Value. Autobiographical Writing in Spanish America.* Cambridge: Cambridge University Press.
— (1996): *Acto de presencia. La escritura autobiográfica en Hispanoamérica.* México: Fondo de Cultura Económica / El Colegio de México.
Monte, Domingo del (1923-1957): *Centón epistolario de Domingo Del Monte,* 7 vols. La Habana: El Siglo xx.
Montero, Mayra (2001): «La casa». En *El Nuevo Día,* 11 de marzo.
Montero, Susana (1989): «Ofelia Rodríguez Acosta: ¿literatura o compromiso?». En *La narrativa femenina cubana (1923-1958).* La Habana: Academia.
Morales, María Dolores (1986): «Viajeros extranjeros y descripciones de la ciudad de México, 1800-1920». En *Historias* 14. Instituto Nacional de Antropología e Historia de México, 105-143.
Moreno Fraginals, Manuel (1978): *El ingenio,* vol. III. La Habana: Editorial de Ciencias Sociales.
— (1990): «Claves de una cultura de servicios». En *La Gaceta de Cuba* 25.
Mörner, Magnus (1969): *La mezcla de razas en la historia de América Latina.* Buenos Aires: Paidós.
Mourao, Cleonice P. B. (1992): «A escrita e a imagem autobiográficas em Marguerite Duras». En *Mulher e literatura.* Niteroi: Editora da Universidade Federal Fluminense.
Muñoz Camargo, Diego (1892): *Historia de Tlaxcala.* México: Secretaría de Fomento.
Navarro, Marysa (1979): «Research on Latin American Women». En *Signs* 5 (1).
Núñez, Estuardo (ed.) (1985): *España vista por viajeros hispanoamericanos.* Madrid: Instituto de Cooperación Iberoamericana.
— (ed.) (1989): *Viajeros hispanoamericanos. Temas continentales.* Caracas: Biblioteca Ayacucho.
Núñez, Marta (1993): *Las mujeres de la carreta.* Moscú: ed. mecan.
Olema, Daura (1962): *Maestra voluntaria.* La Habana: Casa de las Américas.

OLIVARES MANSUY, Cecilia (1991): «Enriqueta y Ernestina Larrainzar, crónicas de viaje». En Domenella, Ana Rosa & Pasternac, Nora (eds.): *Antología crítica de narradoras mexicanas nacidas en el siglo xix*. Ciudad de México: Colegio de México, 317-354.

OROZCO Y BERRA, Manuel (1964): «Conquistadores de Nueva España». En *Diccionario Porrúa de historia, biografía y geografía de México*. Ciudad de México: Porrúa.

ORTEGA Y MEDINA, Juan A. (1955): *México en la conciencia anglosajona*. Ciudad de México: Antigua Librería de Robredo.

O'SULLIVAN-BEARE, Nancy (1956): *Las mujeres de los conquistadores. La mujer española en los comienzos de la colonización americana*. Madrid: Compañía Bibliográfica Española.

PAGNI, Andrea & ETTE, Ottmar (1992): «Introducción». En *Dispositio* xvii: 42-43.

PÉREZ CRUZ, Felipe (1988): *Las coordenadas de la Alfabetización*. La Habana: Editorial de Ciencias Sociales.

PÉREZ DE LA RIVA, Juan (ed.) (1965): *Documentos inéditos sobre la toma de La Habana por los ingleses en 1762*. La Habana: Biblioteca Nacional José Martí.

PERROT, Michelle (1992): «Haciendo historia: las mujeres en Francia». En Ramos Escandón, Carmen (ed.): *Género e historia*. Ciudad de México: Instituto Mora / Universidad Autónoma Metropolitana.

PFISTER, Manfred (1994): «Concepciones de la intertextualidad». En *Criterios* 31.

PICART, Gina (2000): *El druida*. La Habana: Extramuros.

PLASENCIA, Aleida (1965): *La dominación inglesa vista por el pueblo de La Habana*. La Habana: Biblioteca Nacional José Martí.

PORTELA, Ena Lucía (1990): *Dos almas perdidas nadando en una pecera*. La Habana: Extramuros.

— (1996a): «Sombrío despertar del avestruz». En *Unión* 22, enero-marzo: 83-87.

— (1996b): «La urna y el nombre (Un cuento jovial)». En Bobes, Marilyn & Yáñez, Mirta (eds.): *Estatuas de sal. Cuentistas cubanas contemporáneas*. La Habana: Unión, 341-348.

— (1999a): *El pájaro: pincel y tinta china*. La Habana: Unión.
— (1999b): *Una extraña entre las piedras*. La Habana: Letras Cubanas.
— (2000): «El viejo, el asesino y yo». En *Revolución y Cultura* 1, enero-febrero.
— (2001): *La sombra del caminante*. La Habana: Unión.
— (2003): *Cien botellas en una pared*. La Habana: Unión.
Portuondo, Fernando (1957): *Historia de Cuba*. La Habana: Minerva.
Pratt, Mary Louise (1990): «Women, literature and national brotherhood». En AAVV: *Women, culture and politics in Latin America*. Berkeley / Los Angeles: University of California Press.
— (1992) *Imperial eyes. Travel writing and transculturation*. London / New York: Routledge.
— (1993): «Las mujeres y el imaginario nacional en el siglo xix». En *Revista de Crítica Literaria Latinoamericana* 19 (38): 51-62.
Pumar Martínez, Carmen (1988): *Españolas en Indias: mujeres-soldados, adelantadas y gobernadoras*. Madrid: Anaya.
Ramos, Julio (1989): *Desencuentros de la modernidad en América Latina. Literatura y política en el siglo xix*. Ciudad de México: Fondo de Cultura Económica.
Ramos Escandón, Carmen (ed.) (1992): *Género e historia*. Ciudad de México: Instituto Mora / Universidad Autónoma Metropolitana.
Randall, Margaret (1972): *La mujer cubana ahora*. La Habana: Instituto Cubano del Libro.
Redonet, Salvador (ed.) (1993): *Los últimos serán los primeros*. La Habana: Letras Cubanas.
Rodríguez Coronel, Rogelio (1983): *Novela de la Revolución y otros temas*. La Habana: Letras Cubanas.
Rodríguez Feo, José (1961): «Impresiones de un alfabetizador». En *Casa de las Américas* 2 (9).
Rojas, Marta (1996): *El columpio de Rey Spencer*. La Habana: Letras Cubanas.
— (1998): *Santa lujuria*. La Habana: Letras Cubanas.
Rosemond de Beauvallon, Jean B. (1844): *L'Île de Cuba*. Paris: Sèvres-M. Cerf.

Rotker, Susana (1992): *Fundación de una escritura: las crónicas de José Martí*. La Habana: Casa de las Américas.
Saint-Lu, André (1986): «Prólogo». En Casas, Bartolomé de las: *Historia de las Indias*, vol. I. Caracas: Biblioteca Ayacucho, xix-xxix.
Saínz, Enrique (1983): *La literatura cubana de 1700 a 1790*. La Habana: Letras Cubanas.
Sánchez Albornoz, Nicolás (1973): *La población de América Latina. Desde los tiempos precolombinos al año 2000*. Madrid: Alianza.
Sánchez-Gallinal, Margarita (2001): *Gloria Isla*. La Habana: Letras Cubanas.
Santa Cruz y Montalvo, María de las Mercedes, condesa de Merlin (1831): *Mes douze premières années*. Paris: Gautier Laguionie.
— (1836): *Souvenirs et mémoires de Madame la Comtesse Merlin*. Paris: Charpentier.
— (1841a): «Les esclaves dans les colonies espagnoles». En la *Revue des Deux Mondes* XXVI (4), abril-junio: 734-769.
— (1841b): *Los esclavos en las colonias españolas*. Madrid: Imprenta de Alegría y Charlain.
— (1844): *La Havane*. Paris: Amyot.
— (1928): *Correspondencia íntima de la condesa de Merlin*. Madrid: Industrial Gráfica.
Sarlo, Beatriz (1990): «En torno a *Una modernidad periférica: Buenos Aires 1920-1930*». En *Nuevo Texto Crítico* 3 (6).
Santos Moray, Mercedes (2000): *Monte de Venus*. La Habana: Abril.
Scott, Joan Wallach (1988): *Gender and the Politics of History*. New York: Columbia University Press.
— (1992): «El problema de la invisibilidad». En Ramos Escandón, Carmen (ed.): *Género e historia*. Ciudad de México: Instituto Mora / Universidad Autónoma Metropolitana.
Schoelcher, Victor (1843) : *Colonies étrangères et Haïti. Résultats de l'Emancipation Anglaise*, vol. I. Paris: Pagnerre.
Serra Santana, Ema (1986): «Mito y realidad en la emigración femenina española al Nuevo Mundo». En *Femmes des Amériques*. Tolouse: Université de Toulouse-Le Mirail.

SEED, Patricia (1991): *Amar, honrar y obedecer en el México colonial* [...]. Ciudad de México: Consejo Nacional para la Cultura y las Artes / Alianza.

SÉJOURNÉ, Laurette (1980): *La mujer cubana en el quehacer de la historia.* Ciudad de México: Siglo XXI.

SIMÓN, Pedro (ed.) (1991): *Valoración múltiple de Dulce María Loynaz.* La Habana: Casa de las Américas.

SKLODOWSKA, Elzbieta (1992): *Testimonio hispanoamericano: historia, teoría, poética.* New York: Peter Lang.

S.N. (1995): «Última jornada de trabajo [del VI Congreso de la FMC]». En *Juventud Rebelde*, 4 de marzo.

STONER, Kathryn Lynn (1987): «Directions in Latin American Women's History, 1977-1985». En *Latin American Research Review* XXII (2).

— (1991): *From the House to the Streets. The Cuban Woman's Movement for Legal Reform, 1898-1940.* Durham: Duke University Press.

SUÁREZ, Karla (1999a): *Espuma.* La Habana: Letras Cubanas.

— (1999b): *Silencios.* Madrid: Lengua de Trapo.

— (2001): «La estrategia». En *RyC*, suplemento literario de *Revolución y Cultura*, marzo-abril: 12-13.

TODOROV, Tzvetan (1987): *La conquista de América. El problema del otro.* Ciudad de México: Siglo XXI.

TOMBORENEA, Mónica (1992): «La constitución de la subjetividad en los relatos de viaje de los 80». En *Dispositio* xvii (42-43): 309.

TORQUEMADA, Juan de (1986): *Monarquía indiana.* Ciudad de México: Porrúa.

TANCO BOSMENIEL, Félix (1844): *Refutación al folleto intitulado* Viaje a La Habana *por la Condesa de Merlin, publicada en el* Diario *por Veráfilo.* La Habana: Imprenta del Gobierno.

VEGA SEROVA, Anna Lidia (1998a): *Bad painting.* La Habana: Unión.

— (1998b): *Catálogo de mascotas.* La Habana: Letras Cubanas.

— (2001): *Limpiando ventanas y espejos.* La Habana: Unión.

— (2003): *Noche de ronda.* La Habana: Unión.

VELÁZQUEZ, Diego (1971): «Relación o extracto de una carta que escribió Diego Velázquez, Teniente de Gobernador de la Isla Fernandina (Cuba), a S.A. sobre el gobierno de ella. Año de 514». En Pichardo, Hortensia (ed.): *Documentos para la historia de Cuba*, vol. I. La Habana: Editorial de Ciencias Sociales, 63-75.

Viñas, David (1977): «El viaje a Europa». En *Literatura argentina y realidad política. De Sarmiento a Cortázar*. Buenos Aires: Siglo Veinte, 132-199.

Vitier, Cintio (1970): *Lo cubano en la poesía*. La Habana: Instituto del Libro.

Weiss, Joaquín E. (1972): *La arquitectura colonial cubana*. La Habana: Editorial de Arte y Literatura.

Woolf, Virginia (1967): *Una habitación propia*. Barcelona: Seix Barral.

Yacou, Alain (1990): «El impacto incierto del abolicionismo inglés y francés en la Isla de Cuba (1830-1850)». En *Esclavitud y derechos humanos*. Madrid: CSIC, 455-475.

Zambrano, María (1994): «Martí camino de su muerte». En *La Gaceta de Cuba*, mayo-junio: 35-37.

www.ingramcontent.com/pod-product-compliance
Lightning Source LLC
Chambersburg PA
CBHW020118010526
44115CB00008B/880